PE

Christian Zeiler

Können Frauen lieben?

VERLAG PETER ERD · MÜNCHEN

Die Deutsche Bibliothek – CIP-Einheitsaufnahme

Zeiler, Christian:
Können Frauen lieben? / Christian Zeiler. – München : Erd, 1992
ISBN 3-8138-0235-3

Umschlaggestaltung: Design-Studio Augsburg
Titelillustration: Bildagentur Mauritius/Volkert

Satz: Digital Satz und Druck GmbH, Schrobenhausen
Druck und Verarbeitung: Wiener Verlag, Himberg bei Wien
Printed in Austria
ISBN 3-8138-0235-3

Inhalt

Dieses Buch ist all jenen gewidmet, die die Nase voll haben von der machtbesessenen, verklemmten Emanze, die Männer zu trottelhaften Weichlingen nach ihren egoistischen Vorstellungen umfunktionieren will und damit jede Basis für das Miteinander der Geschlechter zerstört.

Christian Zeiler
im September 1991

Warum dieses Buch?

Die Männerwelt scheint sich noch gar nicht bewußt zu sein, daß Alarmstufe eins herrscht. Nicht irgendwelche inneren oder äußeren feindlichen Armeen stehen uns gegenüber, sondern unsere lieben Frauen. Sie werden angestiftet und in die Irre geführt von böswilligen Emanzen, die einen Vernichtungsfeldzug gegen die Männer gestartet haben, um das, was sie hartnäckig als Patriarchat verunglimpfen, zu beenden. In ihren Köpfen spukt die selbstzerstörerische Idee, daß alles Übel dieser Welt von Männern verursacht wurde. Die Frauen brauchen gar nicht nachzudenken über den Ursprung ihrer Konflikte – an allem sind die Männer schuld – fertig! Das Ziel der Emanzen gipfelt angeblich in heiler Welt und glücklicher Partnerschaft, aber der Weg ist bereits blutbesudelt und voller Scheidungen und Haß.

Ich behaupte – und ich will die Behauptung in diesem Buch beweisen –, daß die wahre Herrscherin auf diesem Erdball die Frau war und bleiben will. Den Patriarchen hat es, so wie ihn die Feministinnen darstellen, nie gegeben. Sie haben den Begriff zu ihrem Zweck verzerrt und mißbraucht, um ihn in den Mittelpunkt ihrer Ideologie stellen zu können. Dabei bedeutet das Wort eigentlich so viel wie Erzvater, würdiger Greis oder Ahnherr; daraus gemacht wurde: Gewalttäter, Unterdrücker, Egoist, Pascha, Vergewaltiger, Macho, Chauvi. Und eine ganz verbohrte Emanze fand jüngst heraus – weil schlaffe, rückgratlose Softies so gar nicht in ihren Kram passen –, daß die Männer neuerdings eine heimtückische Waffe gegen die Frau einsetzen, ihren schlaffen Penis.

Jedes Vergehen oder Fehlverhalten eines Mannes wird von den

Emanzen ausgeschlachtet und als Beweis für die Unfähigkeit des männlichen Geschlechtes mißbraucht. Über ihr eigenes Geschlecht schweigen sie feige.

Aber darüber sollten wir »Paschas« jetzt endlich reden. Schon jahrelang lassen wir uns beschimpfen, entwürdigen und diskriminieren. Geduldig haben wir uns alle Attacken der Männerfeindinnen in Presse und Fernsehen gefallen lassen, sie gelangweilt oder ängstlich überhört. Die schärfste und gewalttätigste Waffe, die sexuelle Versagung oder Bevormundung, wird immer skrupelloser angewendet, und mancher Mann wird damit klein- oder sogar totgemacht. Für diese Waffe ist den Frauen kein Preis zu hoch, sie zahlen dafür mit der Zerstörung ihrer weiblichen Persönlichkeit, landen zu guter Letzt in den Praxen der Frauenärzte und wohlhabenden Psychotherapeuten.

Es geht im Geschlechterkampf wahrhaftig um Leben und Tod. So manche Familie könnte noch beisammensein, mancher Infarkt und Krebs, mancher Suizid und manche Verrücktheit hätte vermieden werden können, wenn wir der Ursache der Konflikte auf den Grund gegangen wären. Tagtäglich sitzen aber verhaßte, gefühllose Emanzen vor den Fernsehkameras, um mit häßlich verzerrten Gesichtern das weibliche Geschlecht noch weiter in die Sackgassen zu treiben. Sie wälzen ihre ureigensten Probleme als böses Männerwerk auf unsere geduldigen Buckel und fordern in unzähligen Zeitschriften das ganze verunsicherte weibliche Geschlecht zum Kampf gegen das männliche auf.

Männer, schauen Sie sich genauer an, was Ihre Frauen lesen. Die Feministinnen bevorzugen jetzt die verschlagene, die hinterhältige Methode. Eines Tages und wie aus heiterem Himmel schlagen Ihre Frauen zu. Dann ist es meist zu spät, und die Frau benimmt sich wie eine unbeirrbare Sektiererin. Ihren »Aha-Effekt« erleben vielleicht ihre neuen Freundinnen, der Mann erlebt einen Schock, wenn der Rechtsanwalt der Gattin ihren Willen zur Scheidung ganz trocken per Einschreiben mitteilt.

Der »Aha-Effekt« tritt bei der Frau dann ein, wenn sie am Mann nichts Liebevolles, nichts Begehrenswertes mehr entdeckt, wenn sie fertig mit ihm ist und sein Versagen bewiesen hat.

In Kassel hoben vor einigen Jahren Feministinnen einen Sexshop mit Playgirls aus und sprühten auf den Fußweg: »Frauen, wehrt euch! Prostitution ist frauenfeindlich!« Na klar, nur wir haben die armen Frauen in dieses Elend getrieben. Wer soll es denn sonst gewesen sein? Da lächeln die Prostituierten doch nur müde über ihre prüden und vernagelten Geschlechtsgenossinnen. Eine von ihnen durfte vor kurzem im »Playgirl« ihren ganzen Haß gegen die Männer schleudern. Wir sind nur arme Würstchen. Egal, wie wir im Bett sind, es ist alles falsch. Wie es nun richtig ist, darüber findet die gewiß neugierige Leserin kein Wort. Ihr wird nur die Lust auf den Mann gründlich verdorben, und die Autorin hat wahrscheinlich gar keine mehr

Manche Männer sind schon so fix und fertig, daß sie unter Aufgabe ihrer Persönlichkeit gnadeflehend ins Zentrum der Emanzen gekrochen sind und dort den Rest ihrer männlichen Eigenschaften den weiblichen Diktatoren geopfert haben, damit ihre Bücher in einem Frauen-Verlag erscheinen dürfen. Was sind das für Männer, die sich hinstellen und ihr eigenes Geschlecht als gefühllos und liebesunfähig anklagen? Sie bitten sogar die Frauen, den unfähigen Männern zu helfen und ihnen die Angst vor der Liebe zu nehmen. Solche Männer kennen die Frauen nicht. Mit ihren weinerlichen, reumütigen Büchern treiben sie das weibliche Geschlecht in eine Verantwortung, die dieses gar nicht haben will und auch nicht übernehmen kann. Was diese Softies uns unterjubeln wollen, ist unreif und dumm: Frauen seien allesamt beseelte Blumen, Männer nur harte Klötze, bis auf die Sekundanten der Emanzen, die Softies.

Ich glaube, die Emanzen wundern sich langsam selbst, daß die Männerwelt sich ihre Attacken gefallen läßt. Sie brauchen unsere Hilfe, wenigstens unsere Gegnerschaft, damit sie nicht immer ins Leere boxen. Sie stehen mit blanken Fäusten im Ring, wir werden Handschuhe überziehen. Trotzdem muß auf einen groben Klotz erst mal ein grober Keil. Man kann nicht zu den weiblichen Tyrannen gehen und sie bitten, doch wieder nett oder lieb zu sein. Haß ist doch keine Liebe! Aus dem einen wird so schnell nicht das andere. Reagieren werden die wuschelköpfigen Emanzen sicherlich mit haßerfülltem Gezeter. Einen Angriff auf ihr ideologisches Zentrum können sie nicht ertragen. Da droht ihnen die Welt einzustürzen, da stehen sie plötzlich selbst vor der Aufgabe, das Lieben lernen und sich vorher erkennen und ändern zu müssen. Das ist ihnen viel zu mühsam. Sie reden lieber von ihrer Selbstverwirklichung, an der wir sie immer gehindert haben und die sie nur ohne Mann vornehmen können.

Ich habe dieses Buch hier für Männer geschrieben. Gescheite und seelisch gesunde Frauen ermuntern mich schon seit Jahren, es zu tun, auch wenn die Stirnverhangenen es nicht glauben werden. Ich weiß sehr wohl: Gegen das weibliche Geschlecht anzutreten ist sinnlos und tödlich. Aber gegen die Feministinnen und ihre Gefolgschaft zu sein, das ist lebendig und männlich.

Wir werden versuchen, das Geheimnis der Frauen zu lüften, damit wir uns als Männer besser verstehen. Wir befinden uns alle in einer nicht zu unterschätzenden Abhängigkeit von den geliebten Weibern. Mit dieser nutzen uns die Süßen ziemlich schonungslos aus, wenn wir nicht helle sind. In der Höhle der Frauen wohnen Leben und Tod, Lust und Schmerz, Himmel und Hölle, je nachdem, in welchem seelischen und geistigen Zustand sie sich befinden – und wir uns natürlich auch.

Man hat uns immer dazu verdonnert, Kavaliere zu sein, zu genießen und zu schweigen. Ja nicht rangehen an das Thema Frau, sondern nur ihre Wünsche von den Lippen lesen, sie stundenlang streicheln, bis sie vielleicht das Zauberwort »Komm!« haucht, und wir dürfen ja keine falsche Bewegung machen. Diese rohen Eier sind im Nu zerdrückt. Frauen müssen verwöhnt werden, sind von Natur aus passiv und zahlen keine Zechen. Der Mann ist für ihr Seelenheil voll verantwortlich. Alles Quatsch. Wir schauen jetzt mal hinter den Vorhang.

Behindert wird unser Vorhaben leider von wirklich bösen, brutalen Männern, die Frauen schlagen und schänden, die morden und stehlen. Diesen Kerlen ist kaum zu helfen. Wir werden die Welt nicht heilen, aber vielleicht die Beziehung zu unserer Partnerin retten, vielleicht einen Weg zur Frau finden, der uns bisher nicht zugänglich schien. Möglicherweise gelingt es dem einen oder anderen, einen drohenden Herzinfarkt, die Verkrebsung der Prostata oder ein Magengeschwür zu verhindern. Vielleicht können wir manchem Schoß und mancher Brust Leben einhauchen und damit tödliche Gefahren abwenden. Was fröhlich lebt und benutzt wird, bleibt lange heil.

Treten wir dem Feminismus ans Schienbein, und bezeichnen wir ihn als das, was er ist, eine Unversöhnlichkeit, eine Totalität. Einem solchen Dogma zu folgen oder zu gehorchen ist der reine Wahnsinn. Wir wollen die Frauen lieben und nicht unsere Energien im ewigen Streit mit ihnen vergeuden. Sinnlos!

Etwas über mich selbst

Es ist doch auffällig, daß sich viele Lehrerinnen, Feministinnen, Psychotherapeuten, Schwule, Lesben, Fanatiker und vorwiegend Menschen, die in schlimmen, seelischen Konflikten befangen sind, als eifrige Missionare in Sachen Gesellschaft, Familie und Partnerbeziehung immer wieder mit Ideen breitmachen wollen. Von ihren persönlichen intimen Lebenserfahrungen und Wünschen sagen sie wenig oder gar nichts. Das machte mich schon in jungen Jahren mißtrauisch gegen viele Schriftsteller, Künstler und Aufklärer. Thema Nummer eins wurde doch immer schön umgangen oder nur in verschwommenem Dämmerlicht ihrer Einsiedelei gesehen. Verklärte zeichneten uns Bilder von Staat, Gesellschaft und Liebe, die mit der Realität nie etwas zu tun haben werden. Wie Goethe mit Gretchen umgeht, da kann man doch nur lachen. Die meisten Liebesgeschichten sind Märchen für infantile Leute zwischen sechzehn und sechzig.

Mich hat das Leben etwas anderes gelehrt, und eines Tages sprach ich mit Frauen und Männern über das Thema Nummer eins, über alles, was dazugehört, also auch über Sexualität. Eine wohltuende Gesprächsbereitschaft war immer dann vorhanden, wenn ich erst einmal von meinen eigenen Leiderfahrungen gesprochen und dabei intime Bereiche nicht ausgeklammert hatte. Wenn man sich öffnet, finden andere auch den Mut, ihr innerstes Denken und Fühlen preiszugeben oder sich dessen plötzlich zu erinnern. Nur so sind überhaupt Gespräche möglich. Man muß genau prüfen, ob man genügend Abstand zum eigenen Schicksal hat und der Blick nicht durch seelische Bedrückung getrübt ist. Mit Leuten, die nur über ihre Unschuld und die Schuld des anderen, nicht aber über Fähigkeit und Unfähigkeit nachdenken können, drischt man nur leeres Stroh und kommt kein Stück aus der Sackgasse. Viele wollen ja auch drinbleiben, weil Umkehr zu sehr in Arbeit ausartet. Die eigene Sackgasse für die Hauptstraße zum Ziel zu halten, das ist einfach, und frau ist wieder fein raus.

Als mich vor drei Jahren meine Frau aus Ehe, Haus und Garten wippte, wäre ich beinahe zugrunde gegangen. Wenn ein Kind auf der Straße das Wort Papa ruft, zuckt mir heute noch schmerzhaft das Herz. Ich mußte es lernen, mit diesem Schmerz zu leben und Kinder manchmal zu übersehen.

Meine Frau hatte in der feministischen Literatur endlich die Gründe dafür gefunden, warum es in ihrem Körper niemals prikkelte, wenn sie sich von mir lieben ließ, und warum sie nichts empfand, als sie zum ersten Mal die Alpen, Venedig und das Mittelmeer sah. Die stirnverhangenen Wuschelköpfe hatten ihr gesagt, was Sache ist. Ich war ein gewalttätiger Macho, Besserwisser, Goldkäfigbauer, Lügner, Bierstinker, inkonsequenter Verwöhner unserer Kinder, Saboteur ihrer gesunden Ernährung und überhaupt ein Arschloch, wie die meisten Männer es sind, die das Glücklichsein einer Frau unmöglich machen, Kriege anzetteln und die Umwelt vergiften. Sie selbst lief lustlos im Haus herum, tat keinen Handschlag mit Freude, alles war für sie Last und Beschwerde, Mühsal und zum Kotzen. Fensterputzen und Geschirrspülen war für sie reine Dreck- und Sklavenarbeit. Heute erledigen das Putzfrauen und Geschirrspüler. Ich hatte, als wir noch beisammen waren, beidem zugestimmt, damit sie sich freudevolleren Dingen zuwenden konnte. Sie lief in die Arme einer kalten Emanze und mit dieser in eine Frauengruppe.

Und nun begann meine Frau mit Hilfe ihrer neuen Freundinnen einen gnadenlosen Feldzug gegen mich. Ich erlebte den Feminismus pur, ich wurde konfrontiert mit dem kalten, irren Haß von Emanzen. Es ging ums nackte Überleben. Wenn jemand über Leichen gehen kann, dann sind es hassende Frauen.

Mit achtundvierzig Jahren stand ich auf der Straße. Ich besaß ein paar Möbel, ein paar Sachen und ein altes Auto. Am Tage meines Auszuges in eine kleine Mietwohnung war sie mit den Kindern weggefahren. Ich hatte sie darum gebeten.

Einige wenige Briefe steckten in meiner Tasche. Meine Frau hatte sie in mein Zimmer gelegt. Sie versuchte darin, die Zerstörung ihrer Familie vor sich selbst zu rechtfertigen, mich zu trösten und zu einem neuen Leben mit einer anderen Frau zu ermuntern. Sie behauptete, mich nie geliebt und nur geheiratet zu haben, um endlich aus ihrer Einsamkeit herauszukommen. Dafür wollte sie auch die ganze Verantwortung übernehmen. Ein schlechter Mensch sei ich nicht. Ich täte ihr leid, meine Lage sei zwar schlimm, aber ich sei doch ein starker Mensch, der sich vor der Zukunft nicht zu fürchten brauche.

Von diesen Briefen wollte sie später nie wieder etwas hören. Sie paßten so gar nicht zu der Idee des Feminismus.

Und dann besitze ich noch einen Brief aus der schlimmsten Zeit unserer Krise. Sie schlug mir vor, in einer Art freundschaftlicher Gemeinschaft das Familienleben fortzusetzen. Ihre Bedingung war: kein Sex mehr. Das war ein Schlag, der mich zu Boden warf. Ich glaube, das muß man keinem Mann erklären. Und diesen Schlag setzte sie bewußt unter die Gürtellinie, nachdem ihre langjährigen Versuche, mich geistig zu demütigen, alle fehlgeschlagen waren.

Über das Thema Gewaltanwendung in der Ehe durch Frauen und über die Hintergründe schreibe ich in einem späteren Kapitel. Darunter leiden viele Männer, weil es fast keine Möglichkeit gibt, sich solcher Angriffe zu wehren. An dieser Stelle will ich nur behaupten, daß nach meiner Meinung die Hälfte aller Weltübel zu Lasten der Frauen gehen. Die Folgen solcher Gewalt sind für sie noch nicht erkennbar, und meistens geben sie sie nicht zu.

Mir war, als ich allein in meiner Wohnung saß, ganz klar, daß ich etwas tun mußte, um zu überleben. Nach zwei gescheiterten Ehen war meine Lage in jeder Hinsicht erbärmlich, und ich war in der großen Gefahr, unterzugehen und zu vereinsamen. Ich hatte außer meinem Job nichts mehr. Und die meiste Zeit arbeitete ich nun für Frau, Kinder, Haus und Finanzamt. Aussteigen und wie ein Namenloser ins Ausland zu fliehen, dafür war ich schon zu alt und wahrscheinlich sowieso nicht geeignet. Ich kam mir zwar vor wie der Titelheld Stiller aus Max Frischs Roman oder wie der Steppenwolf von Hermann Hesse, aber ich bin weder der eine noch der andere. Ich setzte mich hin und überdachte meine Lage. Wo lag mein Teil Unfähigkeit, der mich so ins gefährliche Abseits getrieben hatte, in dem sich Körper, Geist und Seele wie in einem Gefängnis befinden? Ohne eine gewisse Stärke und ohne Selbsterkenntnis geht man in diesem Gefängnis zugrunde. Der Mann geht schneller kaputt, als frau und man denkt. So aus dem sozialen Umfeld geworfen, so getrennt von allem, was man liebte und mühsam aufgebaut hatte, das ist schlimmer als ein Weltuntergang. Man hat allen Grund, sich davor zu fürchten. Besonders dann, wenn man den Alleingang riskiert und nicht versucht, bei einer neuen Partnerin schnell wieder Halt zu finden. Außerdem mögen Frauen so geschwächte Männer nicht. Und man ist seelisch fast vernichtet. Man kann es nicht verbergen und auch nicht verhindern, daß man alle Anziehungskraft erst einmal verloren hat.

Weihnachten stand vor der Tür. Ich floh nach Gran Canaria, und das war gut so. Am Heiligen Abend badete ich im Atlantik und feierte in einem Restaurant mit älteren Leuten und Geschiedenen. Deutschland war weit weg. Ich leckte meine Wunden, ließ mich von Sonne, Meer und spanischem Wein trösten. Ich begegnete einer Frau, die auf der Suche nach sich selbst war und auch Trost suchte.

Zurückgekehrt, richtete ich in ein paar Tagen meine Wohnung her. Dann hatte ich abends plötzlich sehr viel Zeit. Ich begann mit einer nicht ganz schmerzlosen Selbstanalyse. Zuvor hatte ich einen Psychoanalytiker aufgesucht. Ich merkte sehr bald, daß dieser Mann selbst Rat brauchte, aber das wollte ich ihm nicht auch noch bezahlen. Also brach ich die Analyse ab und trat allein die Reise in meine Kindheit an. Ich fuhr nach Österreich und Bayern zu meinen Verwandten, die meine Eltern noch am besten in Erinnerung und meine Mutter schon als Kind erlebt hatten.

Viele Gespräche mit dem Bruder meiner Mutter halfen mir, die Ehe meiner Eltern besser zu verstehen, und ich erfuhr, daß meine Mutter besitzergreifend, herrschsüchtig und schwach gewesen war.

Das deckte sich zwar mit meinen Erfahrungen, aber ich hatte einige Jahrzehnte nicht darüber nachgedacht. Meine Mutter war in meiner Erinnerung so, wie ich sie in ihren letzten Jahren erlebt hatte – eine liebe, treusorgende Frau. Aber das war sie in früheren Zeiten eben nicht. Es ist schon so, wir idealisieren das Bild unserer Eltern und heben sie auf einen Sockel. Zur Strategie meines Überlebens, das war mir inzwischen klar, gehörte es, vor allem meine Mutter von diesem Sockel herunterzuholen. Ich betrachtete sie wieder wie einen Menschen und fand den Mut zur Wahrheit. Meine Mutter war nicht fähig, zu lieben, und ich habe nie Zärtlichkeiten zwischen ihr und meinem Vater beobachtet. Meine beiden Geschwister und ich durften ihr Liebe entgegenbringen, aber sie konnte uns keine Liebe geben.

Meine beiden Frauen waren meiner Mutter nicht ähnlich. Es wird ja gern behauptet, daß wir Männer unsere Mama in der Frau suchen. Das mag für einige zutreffen, für mich jedenfalls nicht. Meine Frauen hatten aber doch etwas Gemeinsames mit meiner Mutter. Sie ließen sich lieben, sie nahmen und gaben nicht.

Mein Bild von der Frau stimmte nicht, weil Mutter nicht stimmte. Welcher Mann heiratet schon eine Frau, die ihn nicht zärtlich streichelt, die nicht leidenschaftlich küßt und geküßt werden will, die keinen Ton sagt im Bett, keine Wünsche äußern kann, die es über sich ergehen läßt und danach schnell ins Bad läuft? Welcher Mann nimmt eine Frau, die nur fordert, nur nörgelt, die kein Selbstvertrauen hat und all ihre Probleme dem Partner zum Vorwurf macht?

Ich war so ein Trottel. Ich habe nichts vermißt, für mich waren Frauen eben so. Natürlich habe ich was vermißt, aber ich wagte es nicht, mich darüber zu beschweren. Schon bei der kleinsten Kritik, dem leisesten Äußern eines Wunsches reagierten meine beiden Frauen mit Aggression, Ablehnung, Schweigen und Vorwürfen, vor allem dann, wenn es um Sexuelles ging oder um ihr mangelndes Selbstvertrauen. Dann wurde ich auch aggressiv und nahm mir damit selbst die Chance, den richtigen Umgang mit einer Frau zu erlernen. Vielleicht nutzte ich auch unbewußt dieses mir aufgezwungene Verhalten, das gar nicht meiner Natur entspricht, um ja nicht darüber nachdenken zu müssen, in welch kläglichen Verhältnissen ich stecke.

Außerdem hatte ich mein Mutterbild idealisiert und mir damit jeden kritischen Blick auf das schöne Geschlecht verbaut. Ich hielt die Frauen für die gescheitesten Philosophen, für die Liebesfähigeren, für die armen Männeropfer, für die Hilfsbedürftigeren, kurz, ich quatschte wie ein Softie. Das eigene Geschlecht verteufelte ich als kriegslüsternen, arbeitswütigen, rücksichtslosen geld- und machtgierigen Haufen Unterentwickelter, die kein Gefühl besaßen.

Ich führte viele schöne Gespräche mit tollen Frauen, wir waren voller Verständnis füreinander. Hinterher verabschiedeten sie sich freundlich mit Küßchen und spazierten mit dem Macho, der gelangweilt am Gespräch vorbeigehört und in die Gegend geschaut hatte, schnurstracks in die Betten.

Ich war treu, zärtlich und lernte trotzdem, an meinen unsicheren Frauen meine männlichen Bedürfnisse zu erkennen und auszuleben und mit ihnen so umzugehen, wie es Frauen eigentlich ersehnen. Hinterher war ich dann doch zu weit gegangen, frau schämte sich, und ich war schuldig. Daß da was klemmte, wagte ich nicht zu äußern. Eine Frau, die den Mann mit Haut und Haaren mag, war für mich eine Illusion.

In jungen Jahren träumte ich auch von der Märchenprinzessin. Viermal rannte ich in den Film »Romeo und Julia«, nur um den süßen Blick der zauberhaften englischen Schauspielerin in Romeos Augen zu erleben. Die Illusion war für mich perfekt, denn die herrlichen Augen schauten ja in die Kamera und damit in meine Augen. Ich fühlte mich geliebt.

Mit dreißig fand ich sie tatsächlich, und auch das war eine Illusion, für beide. Wir hatten keinen Mut, aus unseren Ehen auszubrechen und trennten uns mit weinendem Herzen. Aber diese Liebe hat meine Zuneigung zum Weiblichen unzerstörbar gemacht und in mir das lebenswichtige Gefühl, ein Mann zu sein, zur vollen Blüte gebracht. Dieses wird uns wahrscheinlich nicht in die Wiege gelegt, es erwächst in uns erst durch Frauen, die uns mögen.

Trotzdem heiratete ich später wieder eine Frau, die nicht das geringste Selbstvertrauen besaß. Eine Freundin hatte mich auch noch angehalten, darauf zu achten, daß ich nicht vom Regen in die Traufe komme. Ich kam hinein. Mein Optimismus redete mir ein, mit Liebe könne man alles erreichen. Mein Herz mahnte zwar zur Vorsicht, aber wer hört auf sein Herz, wenn unser rational getrimmter Verstand die Oberhand hat? Meine erste Frau band mich durch die Kinder, meine zweite durch ihre Melancholie. Es reizte mich, ein Dornröschen wachzuküssen. Ich ertrug unsere sexlose Flitterwoche gelassen und machte viel Spaß und Unsinn auf unseren einsamen Spaziergängen.

Heute weiß ich, daß ich immer versuchte, eine in mir wohnende Hoffnungslosigkeit, deren Ursprung in meiner Mutter lag, zu überwinden mit meinem Optimismus, meinem Denken und meiner Tatkraft. Das ist das Erbe, das mir mein Vater mitgab.

An vielen einsamen Abenden trennte ich mich innerlich von meiner Frau. Und siehe da, die Hoffnungslosigkeit verschwand, mein früheres positives Denken kehrte zurück. Ich nahm die mir aufgesetzte grünrote Brille ab und sah wieder die Farben der Wirklichkeit.

Ich dachte viel darüber nach, ob ich unfähig oder fähig, schwach oder stark war. In meinem Job bin ich erfolgreich, aber das besagt noch nichts. Ich stellte folgendes fest, und das stärkte mein Selbstvertrauen wieder:

Meine Kinder lassen sich von mir umarmen und küssen. Sie umarmen und küssen mich auch. Ich denke, ihnen emotionale Nähe und Wärme gegeben zu haben, weil ich mich immer um sie gekümmert habe. Wenn ich heute ein Baby sehe, dann denke ich an die glücklichen Stunden, die ich mit meinen Lieblingen verbrachte. Es waren die schönsten Zeiten meines Lebens.

Ich lehrte sie zwanglos Schwimmen, Radfahren, Turnen, ich spielte mit ihnen in Wäldern, an Flüssen und Bächen. Ich ermunterte sie zum Reiten, Fliegen, Musizieren, Singen und Lernen. Sie lernten alle gut und allein. Noch heute kann ich mit ihnen Tränen lachen über komische und lustige Dinge und Witze.

Meine Ex-Frauen sagten zu verschiedenen Zeiten den gleichen Satz zu mir: »Ich will deinen Kindern nicht das Vaterbild zerstören.« Und ich sagte in beiden Fällen: »Bitte, versuche es doch. Eines Tages, wenn sie erwachsen sind, spricht ihr Herz.«

Sie wollten mich demütigen, ganz klar. Sie verfolgen mich noch heute mit ihrem Haß.

Warum hassen mich meine Ex-Frauen? Des Rätsels Lösung war für mich verblüffend. Sie haßten mich gar nicht, sie haßten sich und ihre Mütter. An mir lebten sie den Haß nur aus, ich war ein geeignetes Ersatzobjekt und ein halber Softie geworden in ihrer Nähe.

Inzwischen habe ich festgestellt, daß das nicht nur mein Thema ist – es ist das Thema vieler Millionen Männer. Es ist unser Thema.

Das Geheimnis der Frauen

Die Frau gilt noch heute als unbegreifliches, unberechenbares, launisches Wesen. Weil es ihr schwerfällt, logisch zu denken, hat man sie zum Gefühlswesen, zum Herzensmenschen hochstilisiert und den Mann zum gefühllosen Klotz, zum Rationalisten erklärt. Daß es eher umgekehrt sein könnte, das wagt kaum jemand zu sagen.

Von Natur aus ist das Weib der reinste Materialist, das muß überhaupt nicht bewiesen werden. Träumende, romantische Frauen, die in stillen Nächten nach dem silbernen Mond schauen, sind ein Witz. Caspar David Friedrich wäre nie auf die Idee gekommen, zwei Frauen beim Anblick des Mondes zu malen.

Wir Männer sind zu feige, nach dem wahren Wesen der Frau zu fragen und nach dem Grund, warum nur sie Geschmeide trägt.

Und hier fängt unser Verhängnis an. Wir schauen nicht nach den Eigenheiten unserer Zukünftigen und sind damit schon zum Unglück, zum Verlieren, Zahlen und oft zum frühzeitigen Ende verurteilt. Wie oft las ich auf einem alten Tonkrug die Worte »Der Frauenzimmer schöne Blicke sind öfter nichts als schlaue Stricke«, ohne mir dabei etwas zu denken. Die Warnung »Der Weg zur Tochter führt immer über die Mutter« wurde falsch verstanden und darum belächelt.

Die Frauen hüten ein Geheimnis und damit die Abhängigkeit des Mannes mit gutem Grund. Sie sind nämlich nur sexuell empfindsam und willig, wenn sie etwas haben wollen – einen Ehegatten, ein Kind, Geld, Schmuck, Macht, ihren Willen oder Selbstbestätigung. Das geben sie selbstverständlich nicht zu. Sie prostituieren sich doch nicht, o nein, sie nennen alles Liebe. Und sie wissen sehr genau: Wenn sie ihr »Geheimnis« lüften, ergeht an sie sofort eine Forderung, die sie ungern erfüllen wollen. Sie müssen etwas tun und obendrein den Mann akzeptieren. Dazu hat er ein Recht, wie wir später sehen werden. Ihm seine Eigenheiten abzugewöhnen im Machtkampf oder sie einfach ignorieren heißt, ihn langsam, aber sicher seelisch und körperlich in endloser Quälerei zu vernichten. Im Krieg stirbt es sich leichter.

An der Ehe sind in erster Linie die Frauen interessiert, ganz klar. Daß sie heute scheidungswilliger als Männer sind, beweist nicht das Gegenteil. Sie hauen einfach ab, weil wir sie durchschauen und weil sie unsere Eigenheiten nicht hinnehmen wollen. Sie sind egoistischer und viel gefühlloser, als sie denken. Mit einem Mann am Zoll kommen wir schon klar, vor der Beamtin haben wir Horror. Wenn wir weinen, dann aus echtem Schmerz. Frauen heulen aus Ehrgeiz und erpressen uns mit ihren Tränen.

Die Männer haben versucht, ihre Eigenheiten, auf die ich noch oft eingehen muß, mit der sexuellen Revolution durchzusetzen. Diese Revolution entsprang dem männlichen Wunschdenken, der Frau zu einem aktiven Sexualleben mit vielen Orgasmen zu verhelfen. Und wir wollten viel und heiß geliebt werden. Die Revolution ist erst mal an den Frauen gescheitert.

Es ist doch ein Witz, zu glauben, die menschlichen Weibchen brauchten nach vielen tausend Jahren unsere Hilfe zum Entdecken ihrer Klitoris und ihrer Orgasmusfähigkeit. Seit wann ist die Natur so blöd, daß sie eine Sexwelle nötig hat?

Vielleicht wurde im Übereifer der Unterschied zwischen Mann und Frau übersehen und die Tatsache, daß wir in großem Umfang an Verhaltensstörungen leiden wie das liebe Hausvieh. Vielleicht ist die Ehe doch eine unserer Fehlkonstruktionen, jedenfalls so, wie wir sie derzeit noch führen wollen.

Aber ich will erst mal erzählen, was der Bauer mit dem Deckbullen anstellt. Wir Verstädterten haben kaum noch Einblick in das Geschlechtsverhalten der Tiere. Da gibt es auch ein gesundes und ein verklemmtes. Der Bauer hält seinen mächtigen, kraftstrotzenden Bullen an einem winzigen Ring, dem Nasenring, fest. Irgendwo in der Ecke des Stalles steht er artig und wagt es nicht, sich zu rühren. Soll eine Kuh gedeckt werden, führt der Bauer die Tiere zusammen. Der Bulle spritzt oft schon ab, wenn er das Weibchen nur kurz berührt. Beim Decken paßt man also auf, daß da nichts ins Leere geht. Das Pärchen darf sich nicht auf einer Wiese austoben, außerdem will der Bauer den Bullen nicht vom Ring lassen, weil er ihn dann mühsam einfangen müßte. Die Kuh hat jedenfalls kein Vergnügen, das sieht man deutlich. Sie vollführt keine Bewegung und läßt sich widerwillig befruchten, obwohl sie heiß ist. Der Bulle wird nach Sekunden schon wieder am Nasenring abgeführt. Das war es für heute und vielleicht für lange Zeit. Am Nasenring angekettet steht er wieder in seiner Ecke mit seiner gelähmten Kraft. Wenn der Bauer mehrere Kühe decken will, dann dauert es schon ab Dame Nummer zwei länger und die dritte empfindet möglicherweise Vergnügen dabei. Und dann ist der Bulle erst ein richtiges Männchen und zum Vorspiel aufgelegt. Das Vorspiel vollführen alle Tierarten, die es so treiben wie wir. Ein Koitus kann Stunden dauern. Er ist sicher das schönste Lebensgenuß spendende Ereignis im Leben der Tiere.

Ja, wir sind Menschen. Und bei uns ist eben nicht alles anders. Frauen sind immer willig, wenn sie sich ein Kind wünschen oder es ihr Körper einfach fordert. Kinderlosigkeit ist nicht im Plan der Natur. Sie schikaniert in ihrer Art die Frauen, die ihren Kinderwunsch unterdrücken und mit allerlei Ersatzbeschäftigung verdrängen. Die Frauen wissen ganz genau von diesen Beschwerden, die sich oft zuerst seelisch und dann körperlich bemerkbar machen. Die meisten Männer klagen über das nachlassende, sexuelle Interesse ihrer Frauen, wenn sie ein Kind zur Welt gebracht haben. Es flammt erst wieder auf, wenn sie einen von den schon angeführten Wünschen hat. Und sie gibt sich dann hin, wenn der Mann nicht mehr aus noch ein weiß. Sie tut das meist lustlos und faul in der Missionarsstellung. Vergnügen empfindet sie nicht, der Gatte ist viel zu schnell. Sie hat auch keine Lust, die Prozedur nach einer halben Stunde zu wiederholen, denn sie ist müde, und außerdem will sie nichts. Der Mann gerät in einen scheußlichen Kreislauf, in einen ständigen Kampf, denn er hat die dumme Eigenheit, ständig zeugen zu wollen. Der Krampf treibt ihn zu sexuellen Phantasien, zu extremen Wünschen, zu anderen Frauen oder zu maßloser Beschäftigungswut. Der Mami gefällt das – die Kasse klingelt und die Fleischeslust des Papis flaut ab. Bis es zum ersten Mal knallt. Und es knallt immer und überall, ob in Japan, Europa oder Amerika. Es knallt in fast jeder Ehe. Die Frau hält dann erschrocken wieder hin, oder der Gestreßte packt einfach ohne viel Federlesen zu. In beiden Fällen fühlt sich keiner froh. Man ahnt dunkel, daß etwas zerstört wird, langsam aber sicher. Es gehört zum guten Ton, nicht darüber zu sprechen. Die Frauen glauben den Phallusgegnerinnen und treiben den ehemals Geliebten noch mehr in die enge Gasse, in der er zum Softie wird, wenn er die anderen Frauen nicht wiederentdeckt.

Die meisten Frauen sind also gar nicht so verrückt nach uns, wie uns die Pornoindustrie weismachen will. Die Playgirls wollen Geld, keinen Mann. Nach den paar nimmersatten, immer willigen Mädchen laufen sich die Pornohersteller die Füße wund. Die orgasmusfreudige Frau, die schon beim Anblick eines Mannes die Beine breitmacht, hat noch keiner gesehen, die existiert nur in der armen Phantasie der Pornoliteraten. Mit Märchen für Männer verdienen sie sich viel Geld. Die Märchen für Frauen sind ganz anderer Natur, bringen auch viel Geld in die Dichterkasse. In den Liebesromanen geht es nur um gutaussehende Ärzte, Schloßbesitzer, Fabrikanten, reiche Erben, wunderschöne Ferienerlebnisse und lauter bunte Luftschlösser und pralle Pfründe – eben um alles, wovon Frauen träumen.

»Ihr Männer habt doch immer nur das eine im Kopf«, wird uns vorgeworfen. Na klar, sollten wir antworten, das wird auch so bleiben, basta. Man muß sich das mal überlegen, sie werfen uns unseren Geschlechtstrieb vor, eines Tages hören wir vielleicht noch, daß unsere Bärte so kratzen und daß wir kein seidenweiches Fleisch haben. Unter uns gibt es ein paar infantile Kuschelbären, die glatt behaupten, wir wären alle süchtig nach der Frau. Wenn wir verlassen würden, hätten wir deswegen Entzugserscheinungen. Den Frauen gefällt so ein unreifes Geschwätz. Wir müssen also zur Entwöhnung in die Einsiedelei oder in einen Softieklub, um endlich das Weinen und Verzichten zu lernen, das Lieben und Fühlen, das vollkommene Eingehen auf das Weib. Brüste sind für die Säuglinge da, nicht für uns. Der Ziegenbock hängt ja der Ziege auch nicht am Euter.

Das Beste ist's, wenn die Weichhäutigen ihre Brüste und Beine einpacken. Macht uns nur noch mehr süchtig. Das Endziel sollte sein: zwei Kinder zeugen und dann weinen und Blumen anschauen und in den blauen Himmel gucken und Arm in Arm über blühende Wiesen tanzen.

Und ein Softie buhlt besonders um die Gunst der liebesfaulen Verklemmten. Wie Musik klang es in deren Ohren, als er kühn behauptete, wir Männer ließen lieben. Das ging wie ein Lauffeuer durch Deutschlands feministische Gehirne.

Was hat ein solcher Verräter am eigenen Geschlecht denn für Erfahrungen mit dem anderen? Über diese Behauptung wunderten sich auch viele Frauen und schüttelten den Kopf. Klar lassen sich viele Männer von ihren Ehehälften wie kleine Kinder verwöhnen. Das ist oft auch ungerecht, gar keine Frage. Aber wir sind allesamt liebesunfähig, besitzen kein Gefühl, lassen darum lieben, wird behauptet. Ich behaupte jetzt einfach das Gegenteil. Frauen lassen lieben. Es ist ihre naturgegebene Eigenheit. Sie wollen gar nicht lieben, sie wollen besitzen. Das umschreiben sie mit lieben.

Wir sind eben süchtig, wir schauen gern auf die Brust, auch bei den Selbstgestrickten. Da können sie darüberziehen, was sie wollen, wir finden den Wegweiser zum Männerparadies immer. Wer das nicht kann, der ist kein Mann. Es ist himmlisch, in der Frau zu sein. Und das ist auch gut so. Wenn die Holde da anderer Meinung ist, soll sie die Finger von uns lassen. Wir schaffen nicht gern für Frauen, die uns nicht mögen. Sollen sie doch ihr Leben allein meistern. Wir leiden ohne Frauen. Uns wird da wirklich was entzogen, Lebenskraft, Mut, soziales Umfeld, Gemütlichkeit, Geborgenheit, Gesundheit, klarer Geist und Fröhlichkeit. Wir sollten das ruhig zugeben. Wer uns verübelt, daß wir leiden, der liebt uns nicht.

Ein Mann will in seinem aktiven Leben mindestens 2500 mal zur Frau, zeugt aber im Schnitt in Deutschland zwei Kinder. Unsere Frau will nicht mit uns 2500 mal zeugen, wo soll sie hin mit den vielen Kindern? Wir sind, niemand weiß so recht, warum, mit einer beachtlichen Überkapazität ausgerüstet worden. Sie ist nicht Sünde, nicht Laster, sie ist einfach da. Die Frau, die in einer Ehe oder mit einem Mann leben will, steht genau wie wir vor der Frage, was machen wir damit? Läßt sie die Quelle sprudeln, schüttet sie sie zu oder läuft sie vor ihr davon? Die echte Frau ist ohne Überlegung für das erstere. Aber wo sind denn noch echte Frauen? Sie laufen mit Sicherheit nicht lange ohne Partner herum.

Einer von den neuen Propheten empfahl dem männlichen Geschlecht, den ungeliebten, unbrauchbaren, überflüssigen Samen in den Acker Gottes zu geben, also zu onanieren, wenn er nicht verblöden oder verrückt spielen will. Das ist wirklich eine armselige Empfehlung. Für Mönche, Sektierer und Gesponse von Emanzen sicherlich brauchbar, aber doch nicht für einen Mann. Außerdem habe ich das sichere Gefühl, Selbstbefriediger beiderlei Geschlechts verblöden erst recht in ihren gefühlsleeren Räumen. Die weiblichen Singles machen sich gegenwärtig Mut mit dem Slogan »Allein lebt man glücklicher«, aber wenn ich sie im Fernsehen beobachte, denke ich, sie könnten jeden Augenblick losheulen. Den Naturgesetzen entzieht sich keiner ungestraft, das Alleinsein ist die armseligste aller Notlösungen. Glaubt den Feministinnen kein einziges Wort. Sie wollen ihre Unfähigkeit zur Tugend machen. Eines Tages werden sie uns sagen, wie man sich schnell und schmerzlos selbst kastriert, bevor sie es tun, die kleinen Hexen.

Gerade die gehemmten Frauen sollte man ganz offen fragen: Was wollt ihr? Was könnt ihr anfangen mit dem männlichen Überfluß? Er läßt sich nicht wegdiskutieren oder abdrehen.

Wir wollen nicht an Prostatakrebs vor der Zeit in die Kiste. Wollt ihr das?

Vielen Frauen ist das völlig egal, vor allem, wenn sie unabhängig vom Mann sind. Da gibt es nur eins, schnell weg, wenn man kann.

Es scheint ein Widerspruch zu sein. Parasitäre Frauen werden ganz nervös, wenn der Mann die Lust verliert. Ganz klar, sie wollen nicht die Männlichkeit, sie wollen versorgt sein. Da sie aber schon alle geistige Bande zwecks Unterdrückung des Ernährers zerstört haben, bleibt ja nur dieser sexuelle Seidenfaden, den er zu ihr hat. Dieses Band muß und will sie halten, kann es aber nicht. Wenn die Kinder aus dem Gröbsten raus und die Schulden bezahlt sind, stehen die alternden Weibchen vor dem selbstverursachten, größten Dilemma ihres Lebens. Manche laufen wütend und schimpfend in das feministische Lager, um die ganze Männlichkeit an den Pranger zu stellen, andere beginnen über sich und ihr Verhältnis zum Mann nachzudenken, und die Uneinsichtigen sagen überall dasselbe, er hat sich eine Jüngere genommen, er hat gesoffen, Gewalt angewendet und im Bett war er tote Hose. Daß mit ihnen nichts los war, auf die Idee kommen sie gar nicht. Oft zu spät müssen sich viele Frauen dem stellen, dem sie immer ausgewichen sind, dem eigenen Ich. Das tun sie aber nur, wenn sie beginnen zu begreifen, daß ein Partner nur dann bei ihnen bleibt, wenn sie sich endlich öffnen. Die meisten Frauen aber geben sich auf und landen in der Einsamkeit, in der sie auf den Besuch der Kinder und Enkel warten und bis zum Tod nichts mehr vorhaben.

Wenn sich zwei junge Leute begegnen, reden sie in der Regel nicht vorher über Gott und die Welt. Sie gehen schnell zur Sache, nachdem sie ein bißchen herumspaziert sind, sich geküßt, gescherzt, geblödelt haben. Probleme haben sie im Bett noch nicht, zumindestens bemerken sie sie erst mal nicht. Sehr bald stellt das falsch erzogene Weibchen aber fest, daß Liebe nun auch nicht das Größte ist. Sie beginnt sich daher für die Psyche des Männchens zu interessieren und hegt die Absicht, diesen Riesen zu beherrschen. Es indoktriniert, blockiert und formt seinen Geist nur zu diesem Zwecke. Das bißchen Sex, denkt das arme Kind, ist keine Basis für eine Partnerschaft. Für dieses falsche Denken kann die Frau erst mal nichts, das hat sie von Mama. Wenn sich nun der Riese nicht fesseln läßt, wird er schnell abgeschoben.

Intellektuelle Frauen sind oft die gehemmtesten, verschlossensten Wesen. Sie stellen komplizierte Bedingungen und verklemmen dabei immer mehr. Sexualität erlebt man am tiefsten und schönsten, wenn man vorher den Verstand ausschaltet. Studierte Mädchen können das kaum noch, es sei denn, sie üben es.

Wir Männer lieben bedingungsloser zum Ärger der Hochgeschulten. Im Bett ist uns egal, was eine Frau alles denkt und weiß, da wollen wir nur eins, daß sie fühlt, uns mag und Weib ist. Zärtlich und hemmungslos soll sie sein, offen und lustig. Alles andere zählt rein gar nichts. Mit einer offenen Frau kann man sich hinterher über alles einigen und verständigen. Eine gehemmte Frau ist keine Frau, da kann sie sich drehen und wenden, wie sie will. Ich schätze, zwei Drittel aller Frauen sind gehemmt, aber darüber später. Offene sind das reinste Vergnügen. Mit ihnen wird der Alltag ein Spiel, das Leben ein Spaß. Mit einer trockenen Akademikerin kann man schlaues Zeug schwätzen, Bildungsreisen machen, Parteien gründen, aber man kann nicht mit ihr schlafen. Wenn ich einer solchen Frau begegne, suche ich nach Anmut, Weiblichem, Zärtlichem und kann nichts finden. Mit trockener, kalter Stimme vernünfteln sie vor der Fernsehkamera, daß einem alles vergeht.

Die Intellektuelle und leider oft auch die Berufstätige haben jeden erotischen Reiz verloren, trotz eleganter Kleidung und schönster Schminke. Sie wollen und werden nicht sexuell belästigt, sie wollen ja schon wegen eines Pfiffes nach ihnen die Gerichte einschalten. Für einen Klaps auf den Po fünf Jahre, das wäre ihnen recht. Aber wer sollte denn auf solch abwegige Idee kommen? Sexualität ist Mittel zum Zweck, wenn es keinen gibt, bleibt frau schön kühl. Da klapsen wir doch nicht!

Die ständig erregte Frau wäre auch ein biologischer Irrtum und früher, als es wenig gute Verhütungsmöglichkeiten gab, ständig schwanger geworden. Sie hätte zwanzig und mehr Kinder.

Pille und sexuelle Revolution haben nun das Grundverhalten der Frau nicht im geringsten verändert. Verhalten wird anerzogen von Mama und von niemand anderem. Ist Mama gehemmt, wird die Birne nicht weit vom Stamm fallen.

Was wir in Pornofilmen an echter weiblicher Leidenschaft sehen, ist gestellt oder höchst selten eben echt. Frauen brauchen keinen Orgasmus. Jeden Tag kann man es in den Zeitungen lesen, daß sie ihn nicht sonderlich vermissen. Was sie suchen, ist Sicherheit. Sie sind stärker an Mutter Erde gebunden, weil sie eigentlich den Nachwuchs ernähren sollen. Ihr ganzes Sinnen ist darauf gerichtet, den Mann dafür zu verwenden. Frau neidet uns unsere Lust auf keinen Fall. Sie ist nicht neidisch auf das, was sie sich selbst mühelos verschaffen kann und oft nur unterdrückt, um den Ungeliebten mit Schuldgefühlen bei der Stange zu halten. Und was sie nicht kennt, darauf kann sie erst recht nicht neidisch sein.

In einem gesunden, offenen Liebesleben gelangt die Frau mit Sicherheit zum Orgasmus. Daher muß Liebe wahrhaftig gepflegt werden und braucht viel Zeit. Aber wo pflegen denn Frauen die Liebe? Wir Dreibeinigen sind dafür besser geeignet und williger, als die Zweibeinigen ahnen. Wir wissen nur eins nicht: Wie läßt sich bei ihnen eine aktive Bereitschaft zu sexuellem Leben wachrufen? Das ist eben das Ding der Unmöglichkeit und damit das Hauptproblem, das Thema Nummer eins in der Ehe und Partnerschaft. Weil es keine Lösung gibt, ist das Thema tabu. Unser Trieb, als stärkendes, lebensbejahendes Hauptelement unseres Daseins, wird von den Emanzen auf das heftigste angegriffen und lächerlich gemacht. Ohne diesen Trieb wären wir aber nur Schatten und Verrückte. Zum Schwein wird doch nur der, dem man was amputieren oder verstümmeln will.

Die Frauen sollten beginnen, uns besser zu verstehen. Wir sind auch Menschen – das sagen sie ja schon selbst voller Mitleid.
Unser Verständnis füreinander beginnt erst. Wir müssen wohl oder übel die natürlichen Phasen der Lustlosigkeit der Frau akzeptieren und sie auslachen, wenn sie Müdigkeit vorschützt.

Von mancher Frau hatte ich schon den Eindruck, sie hat sich

nur scheiden lassen, weil sie sogar für die sogenannten Notlösungen für den Mann zu faul war. Scheiden ist bequem, die Einkünfte sind gesichert, der Quälgeist verbannt. Lieben ist auf Dauer viel zu anstrengend. Ehemüde ist eine solche Frau nicht, sie ist einfach faul. Sie bleibt es auch in der nächsten Partnerschaft und ist schokkiert, daß der Neue auch den ganzen Quatsch will. Männer sind unmöglich, sagt sie, und damit ist sie fertig mit ihnen. Ihre Tragik hat einen ganz anderen Grund, wie wir noch sehen werden.

Was ist eine Hexe?

Kein Mann würde seine Frau mit »Hexe« titulieren, mit der Absicht, ihr damit eine Freude zu machen. Das Wort ist negativ belastet. »Ich warne dich«, sagte Angelika S. mit einem merkwürdig starren Blick, »ich bin eine Hexe.« Sie war wirklich eine. Ich hatte noch keine Erfahrung mit Hexen und lachte. Ihre rot gefärbten Haare, ihre Vorliebe für schwarze und rote Kleidung, störten mich zwar ein bißchen, aber ich machte mir keine Gedanken darüber. Sie ließ sich lieben, und das reichte mir anfangs. Erst als sie begann, mein Denken zu kritisieren und mir männerfeindliche Literatur zu empfehlen, wurde ich stutzig. Später bot sie in ihren Briefen die Fortsetzung unseres Verhältnisses an, wenn ich mich ihr völlig unterwerfen würde. Sie litt unter einer schrecklichen Angst vor Männern, suchte deswegen immer deren Nähe, um sie endlich einmal zu überwinden. Ihr Psychotherapeut hatte ihr auch nicht helfen können, und sie suchte eigentlich einen Partner für ihre Sexualtherapie, die sie dringend nötig hatte. Ich schrieb ihr, sie solle prüfen, ob sie nicht lesbisch sei. Das verneinte sie.

Verschiedene Bilder geistern bei dem Wort Hexe durch unsere Phantasie. Wir sehen rote Langhaarige, die auf Besen durch die Lüfte reiten zu nächtlichen, einsamen Plätzen, wo sie mit ihresgleichen tanzen. Hexen sind Frauen, die im Mittelalter von der Inquisition des Paktes mit dem Teufel angeklagt und auf Scheiterhaufen verbrannt wurden. Hexen sind weise Frauen, die sich in allem auskennen und Kräuter sammeln, um daraus heilende und auch todbringende Tinkturen zu brauen. Hexen können wahrsagen, verwünschen, zaubern und ergründen, was die Welt im Innersten zusammenhält. Hexen sind aber auch alte, häßliche Weiber mit krummen Nasen und schwarzen Katzen auf dem Buckel, die einsam in Wäldern leben und mit Vorliebe Menschenfleisch, vor allem das von Kindern fressen. Hexen lieben Eulen, Glaskugeln, Frösche und Spinnen und stehen in einer geheimnisvollen Verbindung zu finsteren Mächten und Geistern. Sie benutzen ein drahtloses Telefon zur Hölle und befinden sich mit dem Himmel in ewigem Streit. Hexen sind böse, ihr Dasein und Schaffen sind unergründlich. Es sind geschlechtslose Wesen mit weiblicher Hülle, auf keinen Fall passen zu ihnen die Begriffe Mutter, Geliebte, Oma, Hure, Erotik. Eine geschwängerte Hexe gibt es in unserer Vorstellung nicht. Uns Männern erscheinen sie als abstoßende Wesen mit grünen oder roten Augen, mit dürren Fingern und spitzen Krallen, brustlos und spitzzüngig. Sehr gut passen zu ihnen die Begriffe wie Haßdienerin, Giftnatter, Haßhaberin, Krücke, Scheusal, Miststück, Giftmischerin.

Ich denke, all diese Bilder sind männlichen Ursprungs und Abwehrmechanismen gegen die Bedrohung unseres ureigensten Wesens. Die Hexe lebt gar nicht so im Abseits, sondern mitten unter uns. In letzter Zeit versuchen einige naive, natürlich vorwiegend männliche Schriftsteller, ein positives Hexenbild zu konstruieren, eine liebenswürdige Hexe zu basteln. Aber das sind dann eben keine Hexen mehr. Genauso will man einen lieben Teufel, einen bösen Gott und einen sexuellen Jesus ins Licht der Welt ziehen. Gerade die deutschen Softies möchten alle gegensätzlichen Prinzipien aufheben und verschwestern. Alles soll sich endlich verstehen, soll sich zusammenkuscheln, in die Arme fallen. Vielleicht ersehnt man sich schon ein friedliches Volk von Homos und Lesben, träumt von einem liebevollen Tyrannen und einer himmlischen Emanze. In vielen Gehirnen spukt das utopische Allversöhnungsprinzip als neues Ideal. Alles wird verwischt, es gibt nichts Böses, nichts Gutes, nichts Häßliches und nichts Schönes, nichts Dummes und nichts Kluges. Es gibt bloß noch so einen Brei, in dem alles verrührt und gleich ist. Männliches und Weibliches – was ist das? fragen die, die es scheinbar wirklich nicht mehr wissen.

Der deutsche Film ist seit Jahren am Boden, weil man nur noch Wischiwaschi drehen will. Der kernige Mann und das feurige Weib sind von der Bildfläche verschwunden, man muß sie importieren.

Die Hexe ist die unterdrückte Frau in der Phase der Befreiung und Selbstverwirklichung, der Patriarch ist der Unterdrücker in der Phase der Selbstbespeiung und des anschließenden Wandels zum Kuschelbären und Staubsauger der Emanzen. Alles wird weich, liebevoll, zärtlich und frauenfreundlich.

Gut, wir Männer sind im Wandel. Aber jetzt möchte ich wissen, wie eine Frau ihr gestörtes Verhältnis zum männlichen Geschlecht geraderückt und ihr Hexendasein beendet. Hexen sind weiter nichts als Frauen, die keine Männer mögen und sie darum auch nicht verstehen. Ihr Denken und ihr Handeln sind einfach verrückt, abgerückt vom Natürlichen und Gesunden und gar nicht geheimnisvoll. Hexen sitzen daheim und masturbieren lieber, als sich mit dem Ekel Mann einzulassen. Und sie fabrizieren Bücher, gründen Frauengruppen und schleudern ihren ganzen, leider nicht immer ganz unbegründeten Haß über die Medien in die Wohnzimmer der Deutschen. Wer will bestreiten, daß es unter uns Männern Widerlinge, Dummköpfe, Gewaltverbrecher, Chaoten, Perverse, Stiefellekker und Peitschenschwinger gibt? Diese schrägen Typen liefern den Hexen das gesamte Schießpulver. Der gesamte Gefühlsraum zwischen Mann und Frau ist bereits vergiftet vom Pulverdampf, den die wütend um sich schießenden Emanzen verbreiten.

Vor einigen Monaten fragte ich in einer großen Buchhandlung ganz naiv nach Literatur für Männer und gegen den Feminismus, und warum es kein Regal für Männerliteratur gebe. Empört fauchten mich die Verkäuferin und eine Kundin an, beschimpften mich als Macho und ließen mich kalt stehen.

Es gibt doch wahrhaftig in deutschen Buchläden kein Regal für Männer, nur eins für Frauen. Und da stehen auch die Bücher drin, die die Softies eigentlich für Männer schreiben wollten. Da es aber Bücher gegen das eigene Geschlecht geworden sind, stehen sie folgerichtig zwischen den Büchern der Emanzen.

Alle, die lebenswidrige Ideen verbreiten, sind eines Tages selbst daran gescheitert, restlos alle.

Ich muß zugeben, es hat mich eine ganze Menge Überwindung gekostet, etwas gegen Emanzen zu schreiben. Den Mut dazu fand ich erst, als ich unabhängig war und erkannte, daß es ja gar nicht gegen das weibliche Geschlecht als Ganzes geht. Wir sind dazu erzogen, Frauen gegenüber immer galant zu sein. Ist auch nicht verkehrt. Ein Mann kann unmöglich gegen das weibliche Geschlecht zu Felde ziehen, ohne sich selbst dabei zu vernichten. Schon einer einzigen Frau entgegenzutreten, tut uns leid, tut weh, irritiert uns. Und das nutzen die Emanzen aus. Denn die sind wirklich fertig mit dem ganzen männlichen Geschlecht. Ich habe noch nirgendwo gelesen oder erlebt, daß eine Feministin wenigstens einmal sanftmütig von einem ihrer positiven Erlebnisse mit einem Mann berichtet hätte.

Hexen bekämpfen uns Männer und werden davon nicht ablassen. Wir müssen uns wehren, das geht gar nicht anders. Sie sind ganz einfach falsch geprägt, falsch erzogen und leiden unter einem selbstmörderischen Haß gegen den Vater, Bruder oder ersten Mann, der meist noch kein richtiger Mann oder ein schräger Typ war. Die tiefe Ursache dieses Fehlverhaltens liegt aber gar nicht im Männlichen, sondern im Weiblichen. Ich kenne nun hinreichend viele Frauen, die geschieden sind und jahrelang allein leben. Und ich kenne auch deren Mütter. Der Haß einer Frau gegen das Männliche ist fehlgesteuerter Haß auf die Mutter. Er wird aber nicht zugelassen, weil man ja solidarisch ist im eigenen Geschlecht, sondern einfach abgeleitet auf ein Ersatzobjekt. Frauen, die das nicht erkennen wollen, scheitern in jeder Beziehung und geben irgendwann auf. Oder sie verlieben sich ins eigene Geschlecht. Kann man ja alles verstehen, analysieren, nachfühlen. Eine männerhassende Mutter erzieht keine männerliebende Tochter, da gibt es garantiert keine einzige Ausnahme. Die Psychoanalyse hat heute ziemlich alles erkannt, was man in früheren Zeiten eigentlich auch schon wußte. In der Bibel steht unter den Sprüchen Salomos im 21. Kapitel, Vers 9: »Es ist besser, wohnen im Winkel auf dem Dach, denn bei einem zänkischen Weibe in einem Hause beisammen.« Und im selben Kapitel sagt Vers 19: »Es ist besser, wohnen im wüsten Lande, denn bei einem zänkischen und zornigen Weibe.« Eine Analyse der zänkischen Frau macht Salomo nicht, er rät, man solle ihr aus dem Wege gehen. Besser ist es, die Frau vorher zu erkennen, bevor man sich an sie bindet.

Ein wenig Analyse kann trotzdem nicht schaden. Die Selfmadeladies leiden unter Selbsthaß und Haß auf die unfähigen Eltern. Aber das wird nicht erkannt und zugegeben, weil man sich selbst und die Alten auf einen Sockel gehoben hat. Irgendwie muß man aber nach seinen Prägungen leben, also Haß leben. Und drauf geht's auf die Unschuldigen. Das ist Selbstzerstörung, liebe Phallusgegnerinnen, und ihr wißt das auch. Wie kann man immer gegen etwas sein, was man zum Leben braucht? Nein, ihr braucht uns nicht? Dann macht nur weiter so. Spätestens nach euren Wechseljahren wandert ihr alle in die Einsamkeit, ohne Ausnahme. Ihr Hexen kriegt die Kurve nicht.

Ich kenne Frauen, so im Alter zwischen vierzig und fünfzig, die versuchen es immer wieder und wieder. Sie stehen schon jahrelang in einer kleinen Tanzbar und schielen sich die Augen wund nach dem Märchenprinzen. Er kommt und kommt nicht. Und wenn er auftaucht, dann beschimpfen sie ihn sofort als Macho. Dem Softie, eigentlich ihr Produkt, küssen sie die Wange, hauen sie auf die Schulter. Sein Homoverhalten macht sie manchmal richtig heiß, aber sie wissen inzwischen ganz genau, der will nur kuscheln.

Was diese Frauen suchen, gibt es gar nicht, einen Mann, der mit ihnen auskommt. Ein falsches Wort, und ihre ganze Zanksucht und ihr Haß brechen hervor. Perlen und Steine erkennt man am besten, wenn man sie aus der Fassung bringt. Ich fragte Gabi, ob sie eine Emanze sei. Sie reagierte wütend. Sie ist nämlich eine. Doch inzwischen muß sie wohl mitbekommen haben, daß die Ideen des Feminismus zu überhaupt nichts taugen und ihr ein jahrelanges Alleinsein beschert haben. Jetzt hat sie Torschlußpanik. Ihre Sackgasse hat ein Tor. Das führt ins Nichts. Und da steht sie jetzt davor. Sie geht nicht ins Frauenhaus, nein, sie marschiert geradewegs in ihr Hexenhaus, das ihr der Mann vor vielen Jahren gebaut und das sie ihm abgerungen hat.

Das Mittel gegen Haß ist niemals Liebe. Es gibt überhaupt kein Mittel dagegen. Haß löscht sich irgendwann selbst aus und verursacht vorher viel Unheil unter den Menschen. Eine Hexe soll bleiben, wo der Pfeffer wächst. Nein, auf Scheiterhaufen schleppen wir sie nicht, in die Hölle treiben wir sie nicht. Sie bauen sich ja ihre Scheiterhaufen selbst, schaffen sich ihre Hölle selbst. Nur wegbringen sollten wir sie von den Fernsehkameras und den Redaktionen. Aber vielleicht auch nicht. So sieht wenigstens jeder, was los ist. So manche Hexe sitzt im Studio und weiß gar nicht, wie abschreckend und heilsam ihr haßverzogenes, weinerliches Gesicht auf beide Geschlechter wirkt. Ja nicht so werden wie die, habe ich Frauen sagen hören. Wer die küßt, muß verrückt sein, hörte ich Männer sagen. Was soll es, der Kampf geht ewig weiter, denn es werden immer wieder Hexen großgezogen.

Man erkennt sie an ihrer Sucht, zu herrschen, zu streiten und in die Öffentlichkeit zu treten. Sie zerstören ihre Ehen und halten lieber Vorträge, als Windeln zu waschen oder das dämliche Geschirr zu spülen. Während wir das schon artig tun, stricken sie heimlich mit ihren Freundinnen am neuen Männerhemd, das sie uns überstülpen wollen, und an einem Weltbild, in dessen Mittelpunkt – na wer schon? – steht.

Daß wir mit den Frauen reden müssen, ist klar. Aber mit Emanzen müssen wir gar nicht reden. Wann wäre schon mal was Sinnvolles dabei herausgekommen? Diese Verbiesterten entfachen nur Zank und Streit und sind überhaupt nicht in der Lage, die Forderungen des weiblichen Geschlechtes an den Mann zu bringen.

Die Hexen werden auch nicht zugeben – aber der erfahrene Mann weiß es schon lange –, daß ein Teil von ihrer Art auf der Straße steht und sich prostituiert. Nur was man nicht liebt, kann man so über sich ergehen lassen, ihr Zitronenbeißerinnen. Prostitution ist schon immer männerfeindlich, seit Jahrtausenden. Nirgendwo wird dem Mann das Geld brutaler und spitzbübischer aus der Tasche gezogen als im Bordell. Und wofür? Für die natürlichste Sache der Welt. Bordelle wollen sie abschaffen, die Emmas. Wollten die Kommunisten übrigens auch. Sie wollen alle die Welt auf den Kopf stellen.

Sagen wir es doch einmal, was rufen die Huren den Männern nach, wenn die achtlos an ihnen vorübergehen? »Wichser. Tote Hose. Arschloch. Fick dich doch selber. Verdufte, Scheißkerl. Verpiß dich, hast wohl keinen in der Hose, he?« Diese armen, verführten Mädchen schmettern ihren ganzen Haß in oft nur einem einzigen Wort dem Mann hinterher, der sich nicht absamen läßt. Da lauert nicht irgendwo ein brutaler Zuhälter, der das Girl so verdorben hat und zum Geldverdienen treibt, nein, das kommt aus tiefstem Herzensgrund. Und die Mädchen wissen ganz genau, wie es da hineingelangt ist. Spätestens dann, wenn sie ihren Blumenladen eröffnen wollen, merken sie, daß sie in die falsche Richtung geritten sind. Aber das ist ein anderes Thema.

Ich erlebte Angelika S. kurz nach der Zerstörung ihrer langjährigen Partnerschaft. Ihr schloß sich die Phase der Selbstverwirklichung an, wie solche Frauen das nennen. Ich habe diese Phase genau verfolgen können. Eigentlich wollte ich der Geburt eines echten Weibes zusehen, voller Illusionen riet ich ihr zu guter Frauenliteratur. Die las sie aber nicht. Sie las genau das, was sie brauchte, um ihr Fehlverhalten zu rechtfertigen. Das war ihr Ziel. Zuletzt beschimpfte sie mich als armen Wicht, der es nie lernen wird, sich dem Willen einer Frau zu fügen. Ja, es stimmt, ich wollte kein Softie werden, dazu fehlte mir das Zeug. Im Haßschuppen – ich kann nicht Liebeslaube sagen – einer Selbstverwirklicherin kann man das Heulen lernen, nicht das Lachen. Das Kind entpuppt sich doch als Hexe, als was sonst? Man läßt sich nicht fressen, wenn man das ganze Theater während einer solchen Entpuppung schon einmal hinter sich hat und weiß, was dabei rauskommt. Ich kenne Männer, die laufen nur noch als verwirrte Schatten hinter ihrer Puppe, ihrer Meisterin, her, wenn sie dürfen. Meistens wursteln sie still in einer Ecke oder gehen einkaufen. Hexen zeigen alle ein starkes Interesse an der Heilkunde, aber nicht, um todbringende Gemische zu brauen. Das verquere Leben und Fühlen dieser bedauernswerten Geschöpfe rächt sich nämlich in jedem Fall mit bösen Krankheiten, die sie selbst auskurieren wollen. Sie halten sich nicht nur für die gescheitesten Frauen, sondern auch für die besten Heilkundigen. Sie halten sich für Übermenschen, wie es alle Verrückten tun. Man hüte sich also vor der Diagnose eines emotional gestörten Menschen, dabei kommt nur dummes Zeug raus.

Viele werden sich sicherlich noch an den amerikanischen Film *Der Rosenkrieg* erinnern. Da führen zwei eine ganz durchschnittliche Ehe, bis die Frau plötzlich wie aus heiterem Himmel dem Mann eine in die Fresse haut und ihn mit ihren kräftigen Oberschenkeln fast erwürgt. Dann geht das Drama weiter, bis die beiden sich gegenseitig umbringen. Ich weiß nicht, wer das Drehbuch geschrieben hat, aber er ist ein Spinner. Der Film baut auf einer riesengroßen Lüge auf. Er zeigt die beiden Helden anfangs als liebesfähige, liebenswürdige Menschen. Und das ist die Lüge! Diese Lüge erzeugte in Millionen Menschen dann diese Schockwirkung. Die Figur der Heldin, die da so bösartig ausrastet, stimmt bis zu dem Punkt, wo das scheußliche Drama beginnt, überhaupt nicht. Die Figur des Helden mit Sicherheit auch nicht. Die Frau war schon vorher eine Bestie, eine Hexe. Lassen Sie sich nicht bluffen von solchen Filmautoren, die uns doch eigentlich nur weismachen wollen, daß wir allesamt potentielle Idioten und Zerstörer sind. Der Film ist nur ein billiges Geschäft mit der Angst, der Angst vor uns selbst. Mit billigen Tricks zeigen die Macher das Klischee einer Wohlstandsehe, und dann wühlen sie nur noch genüßlich in der Scheiße. Die war bei dem Ehepaar von anfang an da.

Feministinnen empörten sich bereits allen Ernstes über den frauenfeindlichen Inhalt vieler deutscher Volksmärchen. Artige Männer modeln sie deshalb alle um. Im *Froschkönig* geht es eigentlich nur darum, daß die Prinzessin vom Vater gezwungen wird, ihren Ekel vor dem Mann zu überwinden. Der weiß ganz genau, daß sie sonst partnerunfähig ist. Sie überwindet ihren Ekel nicht und haut den Frosch an die Wand. Die verklemmte Prinzessin hat nun märchenhaftes Glück. Der Frosch verwandelt sich in einen Superboy. Die Emanzen möchten es anders, sie wollen uns Männer an die Wand schmeißen, damit wir eklige Frösche werden. Die passen dann genau in ihr verkorkstes Bild vom männlichen Geschlecht. Sie sagen natürlich was anderes. Männer sind kalte Frösche, die frau an die Wand knallen muß, damit man mit ihnen ins Bett gehen kann. Klingt auch logisch. Bloß der Vater der Prinzessin paßt nun überhaupt nicht mehr in das Märchen.

Oder nehmen wir *Hänsel und Gretel*. Die Kinder haben eine abartige Stiefmutter. Damit sie selbst noch genug zu beißen hat, führt sie die Kleinen einfach in den tiefen Wald, wo sie Hungers sterben sollen. Das ist einfach der Gipfel der Frauendiskriminierung. Pfui Teufel! Und dann geht es ja noch weiter mit der alten, armen Dame im Knusperhäuschen. Ist das nicht verständlich, daß sie unter ihrem unerfüllten Kinderwunsch leidet und mit Geschenken lockt? Daß sie die Kinder fressen will, ist auch Frauendiskriminierung.

Es gibt schon neue Fassungen des Märchens. In der einen stirbt die Mutter nicht und ist froh, daß die Kleinen heimfinden, in der anderen ist der Vater der Bösewicht. Die Hexe paßt nun auch nicht mehr ins Märchen. Ich wette, in der neuesten Softiefassung sitzt im Knusperhäuschen ein alter bärbeißiger Typ, der erst mal Hänsel beseitigen will, um sich dann in Ruhe über das kleine Weiblein Gretel hermachen zu können. Jedenfalls gibt es keine bösen Frauen!

Und von wegen, das Märchen vom *Rotkäppchen* ist nur eine pädagogische Warnung an Kinder, vorgegebene Wege nicht zu verlassen, vor allem nicht im Wald. Ganz anders! Das Märchen warnt vor Männern, die im Walde herumstreunen, sich erst an alten, kranken Omas vergehen und anschließend an deren Enkelinnen, wenn sie ahnungslos die komische, einsame Alte in ihrem Waldhäuschen besuchen wollen.

Warum frißt der Wolf eigentlich nicht gleich das Rotkäppchen? Damit das Märchen nicht bloß aus vier Zeilen besteht, sage ich mal. Laßt die Märchen, wie sie sind. Wie wir alle wissen, gibt es Hexen.

Die verschämte Christenheit

Wenn es nicht die Frauen selbst waren, die das Mittel der sexuellen Unterdrückung erfanden, um damit ihre Herrschaft über die Männer zu errichten, fragt man sich, wer könnte es dann gewesen sein? Oder, wer hat ihnen dabei geholfen? Die Theologie verfügt, wie es scheint, auch heute noch nicht über klare Vorstellungen vom Sexualleben. Das geistige, das christliche Dasein soll schon alles von allein regeln. Es kennt keine sexuellen Probleme. Na fein.

Die Mönche, Nonnen, Pfarrer und Pastoren, die mir in meinem bisherigen Leben begegneten, scheinen wirklich keine Sorgen zu haben. Friedlich wandeln sie, segnen und beten mit gütigem Antlitz. Man wagt es nicht, sie zu fragen, was sie mit ihrem Geschlechtstrieb getan, wie sie ihn unterdrückt haben. Ich will von der Schinderei auch gar nichts wissen.

Lieben und Vermehren sind auf alle Fälle uns Irdischen erlaubt. Verboten sind Wollust, Unzucht, Sodomie, Perversität, Ehebruch und Inzucht. Ist ja auch richtig, das weiß jeder erfahrene Mensch. Die Bibel sagt sonst kein konkretes Wort über das Geschehen in unseren Schlafzimmern. Bevor Adam und Eva vom Baum der Erkenntnis nahmen, liefen sie nackt und ohne Scham durch das Paradies. Aber als die Schlange die unverschämte Eva dazu verführte, die Frucht vom Baum der Erkenntnis zu essen, und Eva dann auch den Adam dazu brachte, wurden beide gewahr, daß sie nackt waren. Sie schämten sich und hängten sich Feigenblätter vor ihre Blößen. Gott gab ihnen Röcke aus Fellen und vertrieb sie aus dem Paradies. Draußen sah Adam, daß Eva eine Frau ist und schwängerte sie.

Außer den Verboten ist das alles, was man finden kann über unseren Zeugungstrieb. Daß er Sünde ist, steht nirgendwo.

Woher nahm sich die Theologie eigentlich das Recht, den Sexualtrieb so zu verpönen? Wieso konnte der etwas so Schmutziges werden, wie er es um die Jahrhundertwende noch war? Oder haben die verklemmten Pastoren jahrhundertelang von den Kanzeln den verklemmten, machtgierigen, reichen Dominas gehuldigt? Ich denke, so war es. Sie wetterten, fernab vom natürlichen Leben und voller Neid auf das, was sie nicht besitzen durften, auf alle knackigen Popos und feurigen Männer. Luther wollte das ändern, aber viel ist dabei auch nicht herausgekommen. Denn im Kirchenschiff saßen schließlich immer noch dieselben Heuchler und emotionalen Krüppel.

Die asexuellen, wechseljährigen und alten Weiber gierten nach der Macht, nicht die Männer und die Kirche schlechthin. Und beherrscht werden muß ja nicht das, was leicht beherrschbar ist, sondern der liebesfähige Mensch. In ihm ruhen die stärksten Kräfte und Energien. Nur Liebe verleiht Flügel. Die Machtsüchtigen fürchten nichts mehr, als den geflügelten Menschen, als den, der ihnen vor Augen führt, was sie eigentlich für Armleuchter sind. Eine verschämte Christenheit war ein nützliches Werkzeug, den parasitären Menschen die Scheuern vollzufüllen. Das ist doch schon alles.

Eines der hinterhältigsten Machtmittel der Kirche war die Behauptung, Marias Empfängnis sei unbefleckt gewesen. Damit wurden alle zeugenden und liebenden Menschen auf unserem Erdball zu Befleckern und Ferkeln. Kein Wort steht in der Bibel von Befleckung, da steht nur, daß in Maria der Heilige Geist fuhr. Was das eigentlich bedeutet, daran rätseln die meisten Theologen noch heute, und dabei ist das doch so einfach. Echte Christen verstehen sofort, was damit gemeint ist. Wer hat bloß mit dem Blödsinn angefangen, und eine Jungfrau unschuldig, damit eine Frau schuldig gemacht oder eben den ersten Mann des Mädchens? Man kann heute über diese Dinge zwar lachen, aber tief, vor allem in den Frauen, ist Fehlverhalten einprogrammiert worden und die Männer der Kirche stehen immer noch dazu. Noch heute waschen die meisten Frauen sofort die Bettwäsche, wenn sie befleckt ist.

Liebet und vermehret euch, steht in der Bibel und nichts anderes. Niemand ist schuldig, höchstens der, der die wahnsinnige Vermehrung der Menschheit ignoriert und uns als gottgegeben verkaufen will.

Mit der Ehe wurde der Mann an die irritierte, verklemmte Natur der Frau gekoppelt. Die Ehe ist nur eine Lösung, wenn sich die Frau öffnet und zu ihrer Sexualität bekennt, denn sie ist natürlich sexuell, was denn sonst? Die Frau muß ihre unterdrückten Gefühle, die sie für das Männliche hat, befreien, sie muß die ihr anerzogene, falsche Scham überwinden. Sie soll einfach wieder das Lieben lernen.

Die Kirche beging und begeht Fehler, wenn sie auf ihren Dogmen weiter herumreiten will. Es geht gar nicht um reinen Sex. Es geht um die gesunde Sexualität zwischen Mann und Frau in einer Partnerschaft. Die Sexbesessenen haben schon längst begriffen, daß Sex wie eine Droge auf sie gewirkt hat. Es geht um die Liebesfähigkeit der Frau. Und die hat die Kirche mit ihrer Verdammung, allein mit dem Wort Befleckung nicht gerade gefördert.

Das Wort Scham hätte ich anders übersetzt. Zum Beispiel mit Schutz. Frau und Mann können sich nicht ständig erregen beim Anblick der Geschlechtsorgane. Wenn wir in den Städten nackt herumlaufen würden – na, das wär' was! Aber was soll die Scham im Ehebett? Gescheite Paare schämen sich sowieso nicht.

Die Kirche hat sich in die Ehebetten eingeschlichen. Und da muß sie wieder raus. Gar kein Thema!

Männer, die sich dem sinnlichen Leben entziehen, können dem sinnlichen Leben keinen Rat geben, das ist doch ganz einfach.

Der Traum der Emanzen von der Anmache

In den Redaktionen der großen Tageszeitungen und Frauenzeitschriften vermehrt sich der Typ der sogenannten emanzipierten Mitarbeiterin. Er gibt Ratschläge an die sich ebenfalls vermehrenden, weiblichen Singles. Man ist unablässig dabei, dem Mann die Rolle des Softies und Gebrauchsgegenstandes aufzudrücken, sagen wir besser abzuverlangen, ohne es zu bemerken. Man will genau den Typ schaffen, den eine Frau eigentlich ablehnt, auch eine Emanze. Dazu erteilt man Ratschläge, wie die Unbemannten vorzugehen haben.

Der Trend geht dahin, schrieb *Bild* am 25.3.91 in dem Artikel »Is' was, Schätzchen?«, daß die Frau im Kommen ist. Frau sagte, und wenn den Artikel keine Frau geschrieben hat, dann war es ein Softie, folgendes:

»Das Weib '91 zeigt Lust. Vor allem Lust an sich selbst. So, als berauschen sich Frauen daran, den eigenen Körper spazierenzutragen wie ein sexuelles Erlebnis, aber ohne Einladung an den Mann. Sieh her, aber rühr mich nicht an. Wenn ich was will, sage ich's.« Die Frau '91 soll und will also sexuell aktiv werden. Toll! Aber nur, wenn sie will. Er muß! Sonst ist er ein Schlappi und wird ausgelacht.

Die Emanzen tun alle so – sie wissen es scheinbar wirklich nicht besser – als wären wir diejenigen, die bisher mit ungerechtem männlichen Besitz- und Machtstreben die Frauen wie Ware ausgesucht, erwählt, gezwungen und aufgerissen hätten, wir Machos.

Weil die Guten so verklemmt waren und keine erotischen Signale ausgesendet haben, ist ihnen entgangen, daß wir an ihnen einfach vorbeigelatscht sind, als wären sie Luft. Wir gehen immer dahin, wo Zeichen gegeben werden, wir pflücken da, wo Äpfelchen winken, trinken da, wo Wasser sprudelt, schnuppern da, wo's duftet.

Es geht in der Welt ganz anders zu, als ihr denkt, ihr emanzipierten Dornröschen. Schon immer wählte die Frau aus, nur die Frau. Ihr müßt euch wirklich mal genauer umschauen im eigenen Geschlecht. Kein Mann reißt eine Frau auf, wenn die nicht will. Wir reden jetzt nicht von Gewalt und Perversion. Schon seit Ewigkeit wählt das schöne Geschlecht unter den Männern aus, bloß ihr wißt es nicht und habt es nie gelernt. Wozu sich die Emanzen endlich durchringen wollen, das tun gescheite Frauen schon immer. Die Mauerblümchen kommen nun endlich auch dahinter. Prima, kann man nur gratulieren.

Weil wir die späten Mädchen so lange haben sitzenlassen, wollen sie sich – endlich selbstbewußt – rächen, indem sie jetzt Frauen werden.

Das geht jetzt schon so lang. Die Männer setzen sich artig und schüchtern in die Cafés und Restaurants, bestellen ein Käffchen und gucken einfach nirgendwohin. Sie rauchen nicht mehr! Das tun jetzt die Emanzen, und sie trinken auch das Bier. Wenn sie sich Mut angesoffen haben, steuern sie auf Sie zu und sagen: »Ich will dich!« Und wenn Sie vor Schreck gar nichts sagen können, werden diese kessen Bienen höhnisch fragen: »Is' was, Schätzchen?« Und dann werden sie stolz zum nächsten schlendern oder sich an die Bar lümmeln und weiterqualmen.

»Der Mann«, so geht es in dem vorhin erwähnten Artikel weiter, »ist es nicht gewöhnt, begehrt zu werden. Der Begehrende hat er zu sein, sonst weiß er nicht, was zu tun ist und fühlt sich schlapp.«

Wir sollten den Spätzünderinnen doch mal was ganz Glasklares sagen. Wir haben euer Selbstbewußtsein nicht zerstört. Ihr hattet von Haus aus keines und darum Angst vor dem Mann, vor der Liebe, vor dem Sex, vor dem Gefühl, vor allem. Ihr habt Angst vor euch selbst. Bedankt euch dafür bei Vatern und Muttern und hört endlich damit auf, uns alles in die Schuhe zu schieben.

Der begehrende Mann steuert immer auf eine begehrende Frau zu, seit Menschengedenken. Genau die sucht und braucht er, die, die ihm das Zeichen gibt, daß er erwählt wurde. Dann ist auch keiner von beiden schlapp. Mein Gott, das ist doch Anfängerkurs! Wenn wir ein Mauerblümchen ansteuern, das nicht weiß, was es will, dann deshalb, weil wir voller Hoffnung sind, weil sie uns gefällt oder weil keine andere da ist. Wir sind so mutig und holen uns auch mal einen Korb. Lernt erst mal, wie schwer eine Abfuhr zu ertragen ist.

Die meisten Männer wissen aber, daß es grundfalsch ist, auf eine Frau zuzugehen, die keine Signale, keine Erotik ausstrahlt. Und es ist für Frauen genauso verkehrt, auf Männer zuzugehen, die ihren Sender abgeschaltet und sie gar nicht angepeilt haben.

Es ist falsch, lieben zu wollen, wenn man gar nicht kann. Wenn die Emanzen, die sich für die Vertreterinnen der gesamten Frauenwelt halten, glauben, es ergehe allen so wie ihnen, dann haben sie sich schwer im Leben getäuscht. Wenn sie sich aber die Eierschalen endlich hinter den Ohren wegnehmen wollen, dann kann man sie nur beglückwünschen. Sie müssen sich selbst befreien und nicht die schon Befreiten. Die sind doch von Haus aus frei und kennen die Probleme der Mauerblümchen gar nicht.

Es wird allerdings für die Emanzen zum Fiasko, wenn sie auf Männer, die Softies, ewige Junggesellen, Muttersöhnchen, Impotente, Schwule oder Heilige sind, zusteuern. Eigentlich müßten sie auf richtig tickende Männer zugehen, wenn sie zu echten Frauen werden wollen. Aber diese lehnen sie ja ab, beschimpfen sie als Machos. Sollen sie es so weiter treiben – bis zum bitteren Ende der Einsamkeit. Erst eine echte Emanzipation macht liebesfähig. Aber die zählt immer noch zu den Wundern, die es so selten gibt.

Wenn ich das alles so sehe, dann wollen die Selfmadeladies mal richtigen Sex und weg vom Vibrator; sie sollten sich einen Typen »schön saufen« und ihn in die Kiste schleppen. Die meisten wissen schon, wie es dann weitergeht. Man muß den Typen anschließend rausschmeißen oder abhauen.

Emanzen kennen nur Sex, keine Gefühle. Sie leiden an einem Mangel an Gefühl für das Männliche. »Ich will dich«, sagen Frauen mit den Augen dem, der mit den Augen sagt: »Ich will dich auch!« Beim Tanzen sagen das die Körper, die Hände in ihrer eigenen Sprache, und im Bett läuft alles wie geschmiert.

Die Emmas wollen alle glauben machen, daß die Männer eine neue Waffe hätten, um die Frauen in den Griff zu bekommen. So ein Blödsinn. Sie stoßen scheinbar wirklich nur auf Schlappis, und der Gedanke, das könnte mit ihnen zusammenhängen, kommt ihnen gar nicht. Es ist aber so. Bei der gefühllosen Art, nach dem Mann zu greifen, bricht dieser auf der Stelle zusammen. Das mag er nicht. Und wenn der Mann zugreift, fühlen sich die Emmas bedroht und brechen auch zusammen. Da wird kein Paar Schuh draus. Und wer ist schuld? Schlappi.

Ich kenne keinen Mann, der den Ehrgeiz besäße, eine Emanze in den Griff zu bekommen. Sie wollen uns was nehmen, was wir uns nicht nehmen lassen. Unsere Persönlichkeit. Unsere Gegenwehr nennen sie Patriarchat, Frauendiskriminierung, Unterdrückung, Gewalt.

Eigentlich sind Softie und Emanze ein ideales Paar, weil sie beide was Gemeinsames besitzen, kein Selbstvertrauen. Es wäre fast ungerecht, eine Frau wie Alice Schwarzer zu übergehen. Sie hat schließlich mit einem ungeheuren Aufwand allen gezeigt, daß man niemals ein Mensch mit Selbstvertrauen wird, wenn man ihre Wege geht. Und sie geht auch keinen anderen mehr, ist viel zu weit und zu tief in der Sackgasse des Feminismus verbohrt und vernagelt. Ich hoffe, ihr kriecht ein weinender Softie hinterher, mit dem sie kuscheln kann.

Die Feministinnen, wenn sie nicht lesbisch sind, sollten sich wirklich Softies suchen. Es gibt genügend Mamas, die welche großziehen. Der Märchenprinz, der sie zum Glühen bringen, der ihre Widerspenstigkeit überwinden soll, ist schon längst verheiratet und vergeben. Wenn er noch frei ist, macht er sowieso einen

Bogen um die Stieräugigen, die jede Persönlichkeit, die stärker ist als sie, runtermachen wollen.

Wenn mich eine Frau anspricht mit den Worten: »Ich will dich«, schaue ich sie an und sage, was ich will oder nicht will. Wenn ihr Blick eiskalt wird und ihr verkniffener Mund »Tote Hose« herausquält, dann sage ich: »Toter Schlüpfer.« So weit kommt es aber selten. Wenn doch, dann sind die Frauen später oft sehr freundlich. Wahrheit tut gar nicht so weh, wie wir immer denken. Anfangs schon, aber dann arbeitet es doch in einem.

Ich persönlich käme nie auf die Idee, einer Frau, die ich nicht kenne, so direkt meine Wünsche zu sagen. Es gibt die uralte, einfache, verständliche Sprache der Augen, der Geste, des Körpers. Wer die nicht sprechen oder verstehen kann, muß die unangenehmen Folgen der plumpen Anmache in Kauf nehmen.

Und noch eins: Die Anmache funktioniert oft bei betrunkenen Männern, die längere Zeit nichts vor der Flinte hatten. Die schießen oft wahllos alles ab. Wenn eine Emanze denen ins Schußfeld gerät und sich zur Zielscheibe macht, dann jammert sie wieder über das ganze Männervolk und über ihr Elend mit diesen Jägern. Wenn sie nur an solche geraten, müssen sie wirklich auf den Gedanken kommen, daß es sich allein glücklicher lebt. Aber das ist eben der Irrtum, das ist das traurige Resultat der Unfähigkeit.

Die Frau in der Verantwortung

Eine Frau, die sich verschließt, die nicht auf die Eigenheit eines Mannes reagieren und sie als etwas Natürliches hinnehmen kann, hat damit jede Grundlage für eine Partnerschaft zerstört. Ist sie verheiratet, dann schwebt über ihrer Familie ein Unheil, für das sie, wenn es eintritt, selbstverständlich mitverantwortlich ist. Besteht sie auf ihrer Eigenheit, Sexualität nicht leben zu wollen, faul und träge auf eigene Erfüllung zu verzichten, das männliche Werben als Gegrapsche und Belästigung abzutun, ist sie partneruntauglich und liebesunfähig.

Ich möchte noch einmal unsere Eigenheit genauer beschreiben und hoffe, die männlichen Leser haben den Mut, ihrer Partnerin zu sagen: »So ist es. Der schreibt uns Männern aus dem Herzen. Es mußte mal gesagt werden, so geht's nicht weiter.«

Also, des Mannes wahre Lebenskraft, seine wahre Lebenslust bezieht er aus der ungehinderten, harmonischen Vereinigung mit der Frau und der Vorfreude darauf. Nicht Geld und Arbeit verleihen ihm Flügel, sie sollen nur Mittel sein zu diesem Zweck. Das Gefühl, das ich lieben und sterben nenne, ist ein reines Männergefühl, das keine Frau auf Erden kennt, aber nicht ausnutzen oder unterdrücken sollte. Wir haben dieses Gefühl kurz vor dem Orgasmus. Es immer wieder und wieder erleben zu dürfen, erhält und trägt uns. Im anderen Falle winkt und ruft der Tod. Wir können zwar mal flapsig sagen: »Rutsch mir doch den Buckel runter«, aber uns befällt dabei eine tiefe Lebensangst, etwas Lebensbedrohendes will uns dabei das Herz abwürgen, uns erstikken, umhauen. Wenn wir so etwas zu einer Frau sagen, sind wir in tiefster Verzweiflung, sind wir am Ende. Wir fürchten uns nicht vor Kriegen, keine Arbeit bringt uns um, keine Ökokrise wirft uns zu Boden, kein Unheil auf der Welt trifft uns wirklich am Lebensnerv, nein, nur die Frau kann uns umbringen.

Ich habe noch nie Männer getroffen, die wirkliche Angst vor Männern hatten. Aber ich kenne viele, die vor der Frau zittern. Das ist die reine Männerwahrheit, nichts als die Wahrheit.

Wir hassen Hindernisse und ständige Eroberungen. Waffen sind nicht, wie kürzlich von einer Emanze im Fernsehen behauptet, penisartige Gebilde, die die Frauen und die Welt bedrohen, sondern Beweis zerstörten Männerdaseins. Möglich, daß wir einen unerkannten Trieb in uns tragen, männliche Konkurrenz auszulöschen, um möglichst viele Weiber für uns allein zu haben, aber das glaube ich nicht. Kein glücklicher Mensch will in den Krieg. Kriege haben andere Gründe.

Wir möchten keine Festungen erobern, keine Türen aufbrechen, sondern offene Türen vorfinden. Montaigne schrieb, das beste Mittel, einen Bürgerkrieg zu überstehen, bestehe darin, die Türen zu öffnen. Mutiger Mann.

Wir jagen und haschen gern ein williges Weib auf einer Wiese, aber ein unwilliges betteln, überlisten, verwöhnen, zwingen, vergewaltigen, überreden, das ist uns eigentlich zuwider. Wir mögen es, wenn man uns mit Erotik den Verstand betäubt, uns verführt, uns fordernd gefühlvoll entgegengeht. Wir mögen es, bei der Arbeit oder auf der Heimfahrt unsere Gedanken auf eine Frau richten zu können, die uns wirklich mag. Wir sind gar nicht in ununterbrochener sexueller Bereitschaft, haben nicht ständig nur Sex im Kopf, aber die Aussicht darauf hält uns wach. Wir wollen und können nicht immer, das sollte eigentlich zum Grundwissen gehören.

Sex hat nur immer der im Kopf, der keine Frau hat oder dessen Bedürfnisse gebremst werden von einer, von der er abhängig ist. Seine Phantasien treiben ihn überall hin, nur nicht dahin, wo er sein Zelt aufgeschlagen hat und nicht erwartet wird. Den Heimweg tritt er dann lustlos an. Sein Inneres formiert die falschgeleiteten Kräfte zu einer blöden Aggression vor. Er will dem ausweichen und überlegt, ob er nicht gleich in die Kneipe, in ein Bordell oder in den Club fahren soll. Manchmal möchte er an seinem Haus vorbeifahren und lieber als Fremdenlegionär anheuern, als den Frust der Ablehnung über sich ergehen zu lassen.

Ein angenommener Mann ist ein angenehmer Mann. Er ist sein ganzes Leben lang friedlich und sexuell aktiv. Nach allgemeiner Erfahrung ist er zweimal in der Woche koitusfähig. (In jungen Jahren oder am Anfang einer Beziehung mag das noch anders sein, aber dann pegelt es sich ein und nimmt im Alter ab. Früh, mittags und abends, das ist eine Zumutung für die Frau. Das ist eine Störung, da stimmt was nicht.)

Wenn die natürlichen Abläufe blockiert werden in uns, fangen wir an, verrückt zu spielen. Ich werde gleich ein paar Beispiele darüber erzählen. Jedenfalls ist der angenommene Mann fröhlich, gesund, humorvoll und mit einer nie versiegenden Lebenskraft ausgerüstet. Der abgelehnte Kollege wird mürrisch, bösartig aggressiv, krank, arbeits- und denkunfähig und beendet sein Leben meist in der Narrheit, in einer Sekte oder Kneipe.

J. schrieb 1969 in ihrem Bestseller *Die sinnliche Frau* von Dingen, die noch heute der Emanze ein Frösteln verursachen. Sie definiert die Rolle der Frau eindeutig und formuliert einen glühenden Appell an ihre Geschlechtsgenossinnen, sich auf ihre ureigene Sexualität zu besinnen und ihren Instinkten zu gehorchen, ohne den Mann rücksichtslos zu gebrauchen.

Ein Weltbestseller, längst verhallt. Eine echte Frau, vielleicht schon gestorben, geächtet von Frauen, niemals von Männern.

Der abgelehnte Mann lebt in einer inneren, für andere unsichtbaren Hölle, von der er nicht zu sprechen wagt. Diese Hölle ist tabu in der öffentlichen Meinung. Nichts ist für ihn schlimmer, als wenn er schon als Kind abgelehnt wurde von seinen Eltern. Sein ganzer Organismus gerät in einen Konflikt, in eine innere Verkrampfung, und revoltiert damit gegen das unerfüllte Leben. Sein Denken und Fühlen verwirrt sich. Der Alkohol kann ihm zwar über Stunden eine gewisse Entspannung verschaffen, führt ihn aber meistens zu schreckerregenden Aggressionen oder in die Arme der Prostituierten. Der Genuß von Bier stärkt dummerweise seine Manneskraft, bis der Arme zu zerbersten droht. Leider ist der alkoholgeladene Mann für fast alle Frauen ekelerregend und damit abstoßender als im nüchternen Zustand. Der Besoffene gerät in einen Teufelskreis und weiß weder aus noch ein. Manch einer begeht dann einen folgenschweren Fehler und rastet aus.

Ja, jetzt sind die Frauen empört. Keiner sagt, daß die Frauen schuldig sind. Wenn Männer ständig aggressiv sind, sind sie von Haus aus frauenfeindlich, kinderfeindlich, menschenfeindlich. Wer Frauen und Kinder schlägt, der ist seelisch verkrüppelt, der ist entartet. Ich kann Frauen nur bedauern, die einen solchen Mann als Lebensgefährten ihrer Kinder erwählt haben. In ihnen muß auch etwas Unfähiges sein, sonst hätten sie ihn erkannt. Er war mit Sicherheit von Anfang an kein zärtlicher Mann.

In vielen Gesprächen stimmen mir Männer und auch Frauen immer zu, wenn ich behaupte, daß eine liebesfähige Frau keiner umbringen kann. Sie geht dem gefährlichen Typ instinktiv aus dem Weg. Aber viele wissen aus eigener Erfahrung, daß auch ein durchaus normaler, gesunder Mensch bis an den Rand des Wahnsinns getrieben werden kann, wenn er ständig abgelehnt wird, gnädigerweise mal darf oder immer vor verschlossener Tür stehen soll.

Frauen können wirklich nicht so tun, als hätten sie keinerlei Verantwortung für das Wohlergehen des Partners. Die Emmas sollten endlich aufhören mit ihrem infantilen Stänkern und mal in ihrem eigenen Saftladen aufräumen, bevor sie Partnerprobleme, die sie meistens oder immer selbst am ärgsten betreffen, bei anderen diagnostizieren.

Der bedrängte, abgelehnte Mensch befindet sich in großer Gefahr und damit alles, was ihn umgibt. Wo keine Liebe ist, lauern Unglück, Verrücktheit, Krankheit und Tod in vielfältiger Form. Die Sache ist viel zu ernst, um den haßerfüllten Emanzen überlassen werden zu können. Sie verschlimmern nur das allgemeine Elend in den Partnerbeziehungen mit ihrem dummen Geschwätz.

Autoren, die den Feministinnen nach dem Mund reden, hinterlassen eine blutige Spur. Sie behaupten, schreiben einfach so dahin, Männer wären liebesunfähig und Frauen sei das Lieben angeboren. Diese Dummheit gefällt natürlich den Frauen, und sie zerschlagen fast mit Wonne und ohne Zweifel an sich selbst ihre Ehen. Wenn wir es als bewiesen ansehen, daß ein liebesunfähiger Mensch durch kein Mittel liebesfähig werden kann, dann ist ja für den Mann und die Kinder gar nichts Schlimmes geschehen. Für die Frau wird es schlimm.

Ich denke, Psychotherapie kann in manchen Fällen doch etwas bewirken. Viel Hoffnung gibt es allerdings nicht. Nun gehen aber solch fehlgeleiteten Frauen nicht in Therapie, sondern unweigerlich ins Chaos oder zu einem weinerlichen Psychologen, was auf das gleiche hinausläuft.

Meine Herren, es geht um die Wurst, wenn wir uns nicht wehren. Die Emanzen und ihre sekundierenden Softies schlagen unbarmherzig zu, brechen über den Männern das Schwert und lokken alle liebesunfähigen Frauen in ihr Lager, in ihre Sekte.

Und nun einige Beispiele über die verhängnisvollen Folgen einer Partnerschaft mit einer liebesunfähigen Frau. Es liegt mir fern, einfach blind parteiisch für das männliche Geschlecht sein zu wollen. Und nichts bringt mich in meinem Leben dahin, dem weiblichen Geschlecht global zu huldigen. Ich liebe das weibliche Geschlecht, aber nicht alle Frauen.

Rainer U. war ein freundlicher Mann. In seiner Freizeit malte er gern und stellte seine Familie immer als kraftstrotzendes, kerniges, harmonisches Quartett dar. Große, starke Menschen blickten aus den Bildern. Als ich eines Tages die ganze Familie kennenlernte, war ich erstaunt. Frau und Kinder waren klein, dürr und übernervös. Die Mutter bemerkte überhaupt nicht, wie ihre Kleinen in unserem Hause herumwüteten und es ausnutzten, einmal frei zu sein. Ich hatte Mühe, sie für eine sinnvolle Beschäftigung zu interessieren. Sie reagierten auf keinen Erwachsenen mehr und taten zügellos, was sie wollten. Die Freundlichkeit ihrer Mutter wirkte gezwungen, ihr Gesicht war maskenhaft starr und tödlich blaß. Ihre Bluse hing schlaff über der flachen Brust.

Es war eine Erlösung, als die Frau mit ihren Kindern wieder davonfuhr.

Später fragte ich Rainer, warum er seine Familie so ganz anders zeichne. Er lächelte unbeholfen und wich der Frage aus. Von Bekannten erfuhr ich, daß seine Frau eine kleine, zänkische Hexe sei und bei den beiden im Bett so gut wie gar nichts mehr laufe. Sie treibe Rainer ununterbrochen an, viel Geld zu verdienen.

Ich verstand damals nicht, wie Rainer an diese Frau geraten, sich in diese unruhigen, kalten Augen verlieben konnte.

Kurz bevor das Unglück geschah, hatte sich Rainer selbständig gemacht. Seine Tischlerei lief gut. An einem schönen Sommermorgen fuhr er schon um vier Uhr morgens in seine Werkstatt und kehrte nicht mehr zurück. Er hatte sich erhängt. Wir erfuhren es erst zwei Wochen später von seiner Frau. Sie war emsig damit beschäftigt, das Inventar der Werkstatt zu verkaufen.

Erzählt wurde, er habe sicherlich die Last seiner Schulden nicht ertragen können. Auch hätte er sich lieber nicht selbständig machen sollen, dazu wäre dieser überfreundliche, zaghafte Mann nicht der Typ gewesen.

Bernhard L. war fast achtzig Jahre alt, als er sich entschloß, zu seinen Vegetarier-Freunden in die Schweiz zu ziehen. Zweiunddreißig Jahre lang hatte er wie ein Fremder in seinem eigenen Hause gelebt und war seiner Frau und seinen fünf Kindern aus dem Weg gegangen. Sein Unglück begann, als er achtundvierzig und seine Frau dreiundvierzig Jahre alt war. Sein Herzblatt war von einem Tag zum anderen eine fanatische Christin geworden und hatte sich fortan sexuell verweigert. Bernhard brach nach einigen Monaten zusammen, sein Kreislauf spielte verrückt, sein Magen nahm fast keine Nahrung mehr an und entwickelte böse Geschwüre. In dieser Zeit entstand Bernhards Abneigung gegen jede tierische Kost und gegen die Kirche. Seinen nebenberuflichen Job als Kirchenchorleiter schmiß er hin, er widmete sich nur noch in seiner stillen Werkstatt der Reparatur von Radios und dem Vegetarismus. Dieser, so behauptete er bis zu seinem Ende, habe ihm das Leben gerettet. Und er war immer auf der Suche nach Menschen, denen er mit viel Überredungskunst beibringen wollte, daß pflanzliche Kost unser Himmelreich sei. Wenn man ihm zuhörte und zustimmte, war er gütig und von wohltuender Freundlichkeit, wenn man ihm widersprach, versteinerte sich sein Gesicht zu einer bösen Maske.

Bernhard L., ein Mann, der für seine Familie ein großes Haus baute, als geschickter Handwerker eine gutgehende Werkstatt führte, der Nerze züchtete, nebenbei einen Chor leitete, fünf Kinder zu fähigen Menschen erzog, wurde mit achtundvierzig ein Narr, lebte bis zu seinem Ende ohne Frau. Er verschenkte wahllos sein Hab und Gut und verachtete seine Frau und zuletzt auch seine Kinder, weil sie seiner heilbringenden Botschaft nicht folgen wollten.

Robert S. wurde schon zu Beginn seiner Ehe in die Defensive getrieben, durfte seine drei Kinder zeugen und sich danach den Sexualtrieb abgewöhnen. Als Siebzigjähriger erklärt er heute stolz, daß Sexualität in seinem Leben keine Rolle gespielt habe. Seine Frau nickt zu seinen Worten und blickt schnell wieder auf ihr Strickzeug. Ihr entgeht, wie ihr Alter mit aufgerissenen Augen und irrem Blick jedem jüngeren Weibchen hinterherglotzt. Jedes offene Wort über sexuelle Probleme kanzelt er auf der Stelle mit seinem Standardsatz »Das ist doch unter der Gürtellinie« ab. Seine Kinder sind weit weg gezogen und haben alle drei Probleme mit ihren Partnern. Ein Sohn ist in psychiatrischer Behandlung und hat das Theologiestudium abgebrochen.

Robert S. und seine Frau leben nur im rein Geistigen. Jeder hat selbstverständlich sein eigenes Zimmer und fährt allein auf Bildungsreisen. Die beiden machen einen gesunden Eindruck und bereiten sich in ihrer Sekte zur Wiederkehr auf dieser Erde vor, falls ihnen nicht schon in diesem Leben der Einstieg in die Ewigkeit gelingen sollte. Denn sie fühlen sich eigentlich heute schon als vollkommene, unsündige, erleuchtete Wesen – berufen, anderen die Pfade der Tugend zu weisen. Wenn sie auf ein Ehepaar stoßen und merken, daß der Mann noch unter der Gürtellinie denkt und leben will, raten sie der Frau, sich von diesem unterentwickelten Halbmenschen zu trennen und sich auf ihre Ebene zu schwingen. Im wahrsten Sinne des Wortes sind die beiden schwachsinnig und hochgeistig geworden. Es bleibt ihnen bis an ihr Lebensende erspart, zu erkennen, daß ihr verkümmertes Sinnenleben ihren Geist vollkommen blockiert und verwirrt hat. Und den ihrer Kinder leider auch.

Detlef K. wuchs mit drei älteren Schwestern auf. Sein Vater war nicht zurückgekehrt aus dem Zweiten Weltkrieg. Seine Mutter war ein mürrisches, krummes und dürres Weiblein, dem alle Welt aus dem Weg ging. Unter den vier Frauchen wuchs Detlef heran zu einem verzagten, vollkommen verunsicherten jungen Mann mit einer tiefen Abneigung gegen Mutter und Schwestern und natürlich einer Heidenangst vor dem anderen Geschlecht. Mit achtzehn Jahren legte er sich im Nachthemd in die Küche und drehte den Gashahn auf. Die Sache ging gut, es gab zum Glück keine Gasexplosion in dem großen Mietshaus. Detlef wurde Kellner, und, so viel ich weiß, hat er in seinem kurzen Leben keine Frau berührt. Mit zweiundzwanzig Jahren war er bereits verwirrt, konnte aber seinen Beruf noch ausüben. Er wurde ein Trinker, zechte jeden Abend lustig und hielt die ganze Kneipe frei, wenn er bei Kasse war. Er nahm sogar Gesangsunterricht und träumte davon, ein berühmter Tenor zu werden. Mit dreißig Jahren stürzte er aus dem Fenster, weil er total betrunken war.

Karl H. haßt seine Mutter wie die Pest, bettelt aber mit seinen sechzig Jahren diese alte Hexe, so bezeichnet er sie, wie ein kleiner Junge um Liebe an. Aber die Alte hat nur Geld im Kopf und sonst nichts, meint er. Wenn er ihr ein Geschenk bringt, sagt sie niemals etwas und legt es achtlos weg.

Karls Frau ließ sich vor zwei Jahren scheiden. Sie bezeichnete den Vater ihrer Kinder als verrückt. Und Karl war es auch. In den letzten elf Jahren ihrer Ehe lehnte sie jeden sexuellen Kontakt ab.

Geküßt werden wollte sie nie während der gesamten Zeit ihres Zusammensterbens. Karl erzählte mir, seine Mutter habe seine Jugendliebe aus dem Haus getrieben und ihm das Miststück, das sein Leben ruiniert habe, aufgezwungen. Sie habe ihn nur rackern lassen und das Geld aus dem Fenster geworfen. Das ganze Eheleben über habe sie nur gegessen, vor dem Fernseher gehockt und den Haushalt vergammeln lassen.

Karl ist ein Sonderling geworden, er ist weinerlich und verzagt und rackert wie ein Wilder von früh bis spät in Haus und Grundstück. Er erzählt, daß er mit seinen Kindern zusammen in der Badewanne gesessen hat, alles für sie getan hat. Er weint, wenn er davon erzählt. Seine Söhne hassen ihn. Sie leben als Singles und kommen mit Frauen nicht zurecht. Wenn sie den Namen ihres Vaters hören, beginnen ihre Hände zu zittern und ihre Gesichter verzerren sich durch Gefühle von Haß und Verachtung. Als ich Karl einmal fragte, ob er seine Kinder geschlagen habe, sagte er: »Ich? Niemals! Die Frau hat sie geschlagen. Sie hat sie niemals gedrückt, gestreichelt, geküßt oder gelobt. Einen Spaziergang mit der Mutter, so was gab es nicht. Sie hat sich eigentlich nur mit ihren Kindern angelegt, gezankt und gestritten. Alles, was sie können, das habe ich ihnen beigebracht.«

Seinen Söhnen laufen die Frauen immer wieder davon, jeder haust in seinem Nest und brütet seinen Haß auf den Vater aus. Und keiner von ihnen weiß, daß dieser Haß eigentlich der Mutter gilt. Sie hat ihn geschickt auf den Vater ihrer Kinder gelenkt und sie damit partnerunfähig gemacht.

Karls Tochter lebt schon seit Jahren mit dem Vater ihrer beiden Kinder zusammen. Sie geht bei Karl aus und ein und überläßt ihm oft die Kinder, wenn sie einkaufen oder was besorgen muß.

Ich habe Karl geraten, sich eine andere Freundin zu suchen, denn die, die er jetzt hat, verhalf ihm zwar wieder zu einem sexuell aktiven Leben, aber sie hat alle Eigenschaften seiner geschiedenen Frau. Es zieht Karl magisch zu Frauen, die ihn nicht lieben, sondern hassen. Das hängt mit seiner Mutter zusammen, aber er hat es noch nicht begriffen. Er will Liebe, er will immer noch die Liebe seiner Mutter. Er will die kalten Herzen von Frauen auftauen und damit das seiner alten Mutter. Wenn Karl das Unmögliche seines unbewußten Verlangens endlich erkennen sollte, kann er vielleicht seinen Söhnen helfen, denn die stecken im gleichen Dilemma.

Gunter S. wollte nie wahrhaben, daß er wegen seines Geldes geheiratet wurde. Er verbrachte die ersten Tage mit seiner Frau nur im Bett. Von dieser Zeit schwärmt er noch heute. Kaum war aber die Frau in seinem Haus, übernahm sie seine Geschäfte und gab das Geld mit vollen Händen aus, während er in seiner Werkstatt rakkerte. Für ein bißchen Liebe von ihr tat er alles und noch viel mehr, als sie seinem Sohn das Leben schenkte. Wenn ich ihn besuchte, begrüßte mich seine Frau überaus freundlich, fragte ihren Mann nach belanglosen Dingen und verschwand wieder.

So ging das einige Jahre, bis die Frau eines Tages ihre Söhne schnappte und mit einem jungen Jugoslawen durchbrannte. Gunter saß in seinem großen Haus allein und beauftragte sofort ein Heiratsinstitut, ihm eine Partnerin zu suchen. Schon nach wenigen Tagen schwärmte er von einer Frau, die schon fast zum Orgasmus nur durch Küssen käme und mit der er über alles reden könne.

Ich fuhr zufällig nach Süddeutschland und nahm für die Durchgebrannte noch ein paar Sachen mit. Ich fand sie völlig verändert, blaß und bedrückt im Haus ihres Geliebten, der mich sehr herzlich empfing. Sein Blick verdüsterte sich aber sofort, wenn er auf seine neue Gefährtin fiel. Ich erzählte von Gunters neuem Leben, um seiner Frau die Schuldgefühle zu nehmen.

Nach einigen Wochen kehrte diese reumütig zu Gunter zurück. Der nahm sie freudestrahlend auf und schickte seine neue Errungenschaft in die Wüste.

Und jetzt begann das irre Leben des Gunter S. »Früher«, so sagte er mir, »wollte ich sie sofort erschlagen mit irgendeinem Gegenstand, der gerade griffbereit lag. Heute, wenn ich sehe, daß ihr wieder der Teufel aus den Augen sprüht, bleibe ich ganz still und bete: ›Jesus Christus, gib mir Kraft, diesem Teuflischen, das in allen Frauen steckt, zu widerstehen.‹ Ich bete und bete, bis der

Satan aus ihr weicht. Und das hilft immer. Ich rate dir, es genauso zu machen, wenn der Teufel in deine Frau fährt.«

So lebt er nun mit der Weisheit, daß das Böse im Weib und das Göttliche im Mann steckt. Er liest in jeder freien Minute in den Büchern neuer Propheten und bereitet sich auf seine Heimfahrt in das Himmelreich Gottes vor. Über Sexualität spricht er nicht mehr. Und ich spreche nicht mehr mit ihm, er lebt in einer anderen Welt.

Es gibt sicher noch unzählige Beispiele dieser Art. Wir sollten nicht so tun, als wüßten wir nicht, was sich in unseren Wohnungen abspielt, wie das schöne Leben durch die Liebesunfähigkeit, die Bosheit und Dummheit einer Frau zur Qual werden kann. Wenn wir leiden, fällt man auch noch über uns her und verleumdet unser natürliches Begehren als Sucht. Schäbige Verräter meinen, wenn uns das Suchtmittel Frau entzogen wird, dann liegen wir auf dem Boden und winseln, wie Abhängige beim Entzug ihrer geliebten Droge winseln. Das Verrückte ist, daß dieses dumme Geschwätz gar nicht von den Frauen, sondern von gebeutelten, feigen Männern kommt.

Meine Herren, wir sind nicht süchtig nach der Frau, sondern wir lieben das Leben. Wer das Sucht nennt, der hat sie nicht alle beisammen.

In Köln erzählte mir eine Ärztin, die Liebe eines Mannes sei nichts als Aggression. Überhaupt wäre das ganze Leben sowieso eine einzige Aggression, vor allem das Männliche. Der hochstirnige Lehrerkopf ihres Mannes nickt zu diesen Worten. Wir Menschen seien schon aggressiv, wenn wir über eine Wiese laufen, denn wir würden dabei schonungslos Tiere und Pflanzen zertreten.

Dieses kluge Pärchen ließ mich frösteln, als es mir seine Weisheit andrehen wollte. Das männliche Prinzip muß einen Teil aufgeben und dem weiblichen Platz einräumen, in uns Männern, versteht sich.

Als sich die zwei Superklugen mit ihren drei Töchtern und ihrem einen Sohn verabschiedeten, schmiegte sich der zehnjährige Junge an mich und sah mich mit einem todwunden Blick zärtlich an. Ich wußte, er hatte sofort das Männliche in mir gemocht, eben das, was seinem Vater völlig abhanden gekommen war im Zusammenleben mit der Mama oder schon in seiner Kindheit. Dieser Softie hatte ahnungslos sein Geheimnis preisgegeben. Seine Mutter hatte ihn furchtbar geschlagen, weil, so meinte er, der böse Vater dieses arme Wesen des liebesfähigen Weiblichen beraubt hatte.

Nun trachtet der Herr Lehrer unaufhörlich danach, in seinem Sohn das Männliche einzudämmen. Wenn dieser zum Beispiel seine drei Schwestern im Garten mit Wasser vollspritzt, geht der Vater an die Tür und sagt: »Du kommst jetzt rein, ich zähle bis drei! Eins, zwei ...!« Dann rennt der Junge wie ein getretener Hund durch die Tür, setzt sich still in eine Ecke und schaut mit flackerndem Blick niemanden mehr an. Draußen kichern die Mädchen schadenfroh.

Ich bin glücklich, daß meine Kinder nicht in die Schule eines solchen Geistmeisters gehen.

Das von der Mutter falsch programmierte Töchterlein

Viel Mühe geben sich die Eheberater, trotzdem reichen sich vor allem die Frauen beim Familiengericht die Klinke in die Hand. Ihnen ist alles egal, nur raus aus der Ehe und rein in die Arbeitsämter. Ich kenne allerdings auch viele, die lassen sich weiterhin ernähren. Aus Rache. Diese Frauen hatten ausnahmslos Schläger, Trinker und Fremdgeher in ihren Betten. Da ist Rache schon angebracht. Jetzt sollen sie zahlen! Selbst schuld.

So mancher dieser Rachegöttinnen würde ich am liebsten sagen: Wenn ich mit dir zusammenleben müßte, würde ich auch saufen. Artig lächelnd und sauber herausgeputzt kommen sie zum Treff. Ich hatte vor einiger Zeit eine Annonce aufgegeben, um die Mädels vom Fernseher und aus der Einsamkeit wegzulokken. Ich spazierte mit einer kleinen Vierzigjährigen um das Kasseler Staatstheater herum. Wir plauderten. Ich zog den Schluß, daß in einer Partnerschaft nicht jeder machen könne, was er wolle, sonst wäre es ja wohl keine. Brüllte mich doch diese Frau auf der Straße an: »Mein Vater hat mich unterdrückt, mein Mann hat mich unterdrückt, und Sie wollen mich auch unterdrücken. Immer so, immer so«, dabei deutete sie mit dem Daumen nach unten. »Sie suchen doch nur jemanden, der sich unterdrücken läßt«, fuhr sie mich an.

»Sie haben einen Knall«, sagte ich ruhig.

»Was wollen Sie eigentlich von mir?« schrie sie mich an und lief grußlos davon.

»Gehen Sie zu ihrem Mann und Ihrem Kind zurück, Sie rennen sonst in die Einsamkeit«, sagte ich noch schnell. Weg war sie.

Frau K. lud mich zum Tee ein. Sie schimpfte während des Tees nur auf ihren Ex-Gatten, über Dinge, die ich auch manchmal mache, in die Kneipe gehen und mit Männern Bier trinken, wie es die alten Germanen taten.

»War es so schlimm?« fragte ich teilnahmsvoll und heuchlerisch.

»Und ob«, platzte sie heraus. »Wenn er nur immer geschlafen hätte, nach seiner Sauftour, aber nein, dann wollte der stinkende Kerl immer was, Sie verstehen?«

Klar, verstand ich. »Was machen Sie beruflich?«

»Wegen dem gehe ich doch nicht arbeiten!«

Ich ging und sagte diesmal nur: »Auf Wiedersehen.«

Rosmarie rauchte wie ein Schlot und meinte, ihr Mann wäre deswegen an Herzinfarkt gestorben. Auch wegen des Trinkens. Sie wäre mit ihm sehr glücklich gewesen, Probleme hätten sie nicht gehabt.

Erst als sie mir Tage später erzählte, ihr Mann hätte in den letzten Jahren sehr viel kaputtgemacht, wurde ich stutzig. Ich wollte natürlich wissen, was. »Er hat nur noch getrunken, mich dann ins Schlafzimmer geschickt. Er hat sich abreagiert in zwei Minuten und ist wieder hinunter ins Wohnzimmer vor seinen Fernseher.« Rosmarie sagte das verschämt und leise. Ich fühlte Mitleid mit ihr. »Wieso ist das Glück?« fragte ich sie. »Ihr seid doch nicht glücklich gewesen.«

»Doch«, widersprach sie, »in der letzten Zeit bloß nicht.«

Ich bekam langsam mit, daß Rosmarie keine arme Frau ist. Sie hat die Firma ihres Mannes verkauft. Sie ließ mich alles bezahlen. Einmal lud sie mich zum Chinesen ein. Als die Rechnung kam, hatte sie kein Geld dabei. Also bezahlte ich und sah das Geld nie wieder. Ich tröstete mich und sagte mir, daß Frauen eben vergeßlich sind, deswegen haben sie auch alle das berühmte Schlüsselproblem.

Einmal richtete sie zum Abendbrot Gurkensalat an und stellte ihn in den Kühlschrank.

»Schmeckt mir nicht so, kalter Salat«, sagte ich freundlich zu ihr.

Sie sah mich seltsam spöttisch an. »Den gibt es doch morgen abend, da ist er doch erst richtig.«

»Ich esse ihn frisch am liebsten«, sagte ich wieder freundlich.

Und da sah ich plötzlich kalten Haß in ihren Augen. Ich dachte erschrocken an die Worte einer ihrer Freundinnen: »Sieh dich vor, Rosmarie ist kalt und berechnend!«

Diese Kälte, die sie tagelang mühsam verborgen hatte, brach jetzt mit ungeheurer Wucht aus ihr hervor. Vielleicht war es auch der nie ausgelebte Haß auf ihren Mann. Dieser Haß steckte aber tiefer in ihr, hatte seine Ursache in der Mutter. Mir war aufgefallen, wie lieblos sie mit der alten Frau umging.

Jedenfalls fuhr sie mich wie eine Hexe an, und sie war in diesem Moment auch eine. »Meine Mutter hat schon recht, du bist ein Klugscheißer, willst alles besser wissen. Seit wann ißt man denn frischen Gurkensalat? Du denkst, weil du Diplomingenieur bist, bist du was Tolles.«

»Okay«, sagte ich, »hat keinen Zweck. Noch ein paar Stunden hier, und ich kriege auch einen Herzinfarkt.« Ich packte schnell meine paar Sachen. Sie rauchte aufgeregt und sagte kein Wort mehr. In ihren Augen lad etwas Hilfloses. Am liebsten hätte ich sie noch einmal in die Arme genommen und sie getröstet.

»Ich wünsche dir alles Gute«, sagte sie leise zum Abschied. Ich fuhr befreit davon, eine Last fiel von meinem Herzen.

Hannelore war schon seit neun Jahren geschieden und schimpfte immer noch auf ihren Mann. Er hätte ihr Leben ruiniert. Sie zeigte mir Bilder. Mit fünfundzwanzig Jahren hatte sie in eine reiche bayerische Familie eingeheiratet. Sie war schön wie ein Filmstar. Die Männerwelt hatte ihr zu Füßen gelegen, nur nicht ihre Schwiegereltern. Sie war auf dem ganzen Erdball herumgekommen. Sie war jetzt sechsundvierzig, trank, rauchte, sah verlebt aus, besaß eine wundervolle Wohnung in München und hatte Angst, daß der erfolgreich operierte Krebs an ihrer Gebärmutter an anderer Stelle wieder auftreten könnte. Sie begann den Morgen mit Sekt und ging jeden Abend betrunken ins Bett. Sie tat mir leid, wie sie immer über die Bar ins Leere schaute, wenn niemand mit ihr sprach. Sie war noch schön, schlank und konnte herzerfrischend lachen. Wenn sie ihre Zigarette ausdrückte, entschuldigte sie sich bei dem, der neben dem Aschenbecher saß. Sie war hilflos wie ein kleines Kind.

Hannelore erzählte mir, jetzt seien die Männer mal dran. Sie hätte genug für sie getan und die letzten Jahre nur geschuftet, um sich ein gemütliches Heim und ein Auto kaufen zu können. Sie habe Krebs und jetzt brauche sie einen Mann, der voll auf sie eingehen und sie verstehen könne. Sie würde gern noch ein Kind adoptieren und eine Familie aufbauen. Zehn Minuten später schwärmte sie von einem steinalten Millionär, der sich ihretwegen scheiden lassen wollte. Ihrem Psychiater würde er auch gefallen.

»Du hast ganz schöne Probleme«, sagte ich teilnahmsvoll. Da fauchte sie mich an mit bösem Blick, ich hätte welche, sie hätte noch nie welche gehabt. Ich sei doch ein armer Wicht, und was ich von ihr eigentlich wolle?

Ich habe nie wieder mit ihr gesprochen.

Beate gab mir am Ende eines mehrtägigen Lehrgangs ein Päckchen und verabschiedete sich schnell. Ich packte meinen Koffer ins Auto, setzte mich ans Steuer und öffnete das Geschenk. Ich fand Liebesbriefe und Gedichte, alles auf französisch, aber nicht von Beate geschrieben, sondern nur ausgewählt. Und ich fand den Bestseller von Benoite Groult *Salz auf unserer Haut*. Ich las das Buch auf Gran Canaria und pfefferte es anschließend von den hohen Klippen weit hinaus in den atlantischen Ozean. Ich wußte, warum das ein Bestseller geworden war. Weil es ein romantisches Traumbuch für hunderttausende Frauen gewesen war.

Veronika war ein ungebildetes, naives Kind der Hamburger Unterwelt. Sie bezeichnete ihre Mutter als versoffenes Dreckstück. Ihren Vater hat sie nie kennengelernt, und sie will ihn auch nicht mehr kennenlernen. Mit neunzehn heiratete Veronika, nach zwei Jahren war sie geschieden. Männer taugen alle nichts, sagte sie mir. Ihren letzten Freund hatte sie vor zwei Jahren aus der Wohnung geworfen. Sie erzählte mit immer noch wirkender Genugtuung, wie sie ihm alle Geschenke, die er ihr während des Zusammenlebens gemacht hatte, vor den Kopf geknallt hatte.

»Was hast du ihm denn geschenkt?« fragte ich dazwischen.

»Ich?« Sie sieht mich mit ihren wundervollen Augen groß an. »Er durfte, reicht das etwa nicht?«

Veronika verachtete wirklich die Männer und in einer Art und Weise, daß einem der Hut hochgehen konnte. In meiner Gegenwart bezeichnete sie Männer mit den unflätigsten Schimpfwörtern, Männer, die sie überhaupt nicht kannte. »Wie redest du denn über mich, wenn ich nicht neben dir stehe?«

Sie überlegte kurz. »Über dich? Weiß nicht, bist ein komischer Kerl.«

»Wieso?«

»Du bist so komisch, eben anders.« Sie blickte unwillig auf die Tanzbar.

Ihr Haß ist anerzogen, ganz klar. Aber wie ist es mit ihrem Sexualverhalten? Es ist zutiefst gestört, auch ganz klar. Sie setzt Sexualität unbewußt als Mittel ein, als Mittel zur Ausbeutung und Unterdrückung des Mannes.

Sie braucht dringend Hilfe. Aber nun stellen Sie sich vor, sie rennt in die Emanzenecke, oder sie läuft einer Feministin in die Arme. Früher oder später wird das passieren. Wir werden bald eine Gegnerin mehr haben.

Vorsicht vor der Volksweisheit!

Gegensätze ziehen sich an, sagt der Volksmund. Das ist ein tröstlicher Irrtum. Mitgegeben wird er vielen jungen Menschen auf den sogenannten gemeinsamen Lebensweg, vor allem dann, wenn man sehr wohl sieht, daß bei den beiden irgend etwas nicht stimmt. Früher dachte ich immer, Brautmütter weinen Glückstränen, wenn ihr Töchterlein heiratet. Das stimmt nicht! Es sind Leidtränen. Die Alte denkt an das künftige Leid ihrer Tochter. Eine unbewußte Ahnung sagt ihr auch, daß sie dem jungen Frauchen keine brauchbaren Lehren für einen freudvollen Lebensweg mitgegeben hat. Man wünscht alles erdenklich Gute, aber was man dafür tun muß, das hat man im eigenen Leben nicht gelernt und kann nur Phrasen weitergeben. »Seid glücklich, Kinder«, ruft man dem Pärchen nach, wenn es seine Hochzeitsreise antritt. Er ist schwarzhaarig, sie ist blond, was soll da schiefgehen? Gegensätze ziehen sich ja an. Verschiedene Haarfarben sind natürlich kein Gegensatz. Die Mütter trösten sich da über etwas hinweg mit ihrem einfältigen Spruch. Echte Gegensätze stoßen sich selbstverständlich ab, schon immer, und das wird auch so bleiben bis in alle Ewigkeit. Gleich und gleich gesellt sich gern, das stimmt schon eher. Und wann sagt man das? Bei Kumpaneien, Freundschaften, Geschäften, Parteigeistern, Sekten, aber niemals bei Mann und Frau. Und gerade da ist es besonders wichtig und richtig. Gleich und gleich kann Chancen haben. Gegensätze machen Krieg miteinander, sie kommen niemals miteinander aus. Mit dem falschen Spruch geben uns die Alten nur ihren Lebensirrtum weiter und verkleistern ihr Elend, geben ihre Unfähigkeit jedoch nicht zu.

Immer wieder sehe ich, wie sich besonders gern Blond und Schwarz paart, aber genauso wenig Chancen hat, wie Blond und Blond, Schwarz und Schwarz. »Ein schönes Paar«, sagen die Leute gerührt vor der Kirche, wenn da so ein »Gegensatz« frisch getraut durch die Menge schreitet. Ich möchte bloß wissen, was die Neugierigen in Japan oder China sagen würden, denn da wird ja nur Schwarz mit Schwarz verkuppelt.

Aber gehen wir der Sache mal tiefer auf den Grund, beweisen wir, daß sich Gegensätze abstoßen, hassen, vernichten wollen und in ewigem Streit miteinander liegen.

Der Träge macht den Quicklebendigen auf Dauer vollkommen verrückt und umgekehrt. Der Träge braucht den Munteren nicht als Zugpferd und gesunden Ausgleich, er braucht in erster Linie seine Ruhe zum Dösen und Träumen. Und der Muntere will gar nicht ein bißchen gebremst werden von einer trüben Tasse. Wie oft hört man doch von gegensätzlich veranlagten Menschen, daß sie einander brauchten. In Wahrheit machen sie sich alle was vor. Immer benutzt der Schwächere den Stärkeren, aber er liebt ihn nicht, er beneidet ihn höchstens. Man hat Stärke heutzutage einfach einen negativen Anstrich gegeben, vor allem der männlichen. Der Starke hilft nicht mehr, nein, er bedroht. Ein Dankeschön kommt jedenfalls kaum noch über die Lippen der Schwächeren.

Pessimisten können auf Dauer keinen Optimisten an ihrer Seite ertragen, das ist eindeutig. Und wenn die grundsätzlichen Weltanschauungen nicht übereinstimmen, ist Partnerschaft unmöglich, auch wenn es anfangs im Bett nur so funkt und kracht. Ein Zeuge Jehovas kann nicht mit einem Adventisten, ein Linker nicht mit einem Rechten, ein Humorvoller nicht mit einem Humorlosen, ein Verunsicherter nicht mit einem Selbstsicheren, ein Verschlossener nicht mit einem Offenen, ein Fauler nicht mit einem Fleißigen zusammenleben. Die Existenz des Fleißigen ist für den Faulen eine ständige Herausforderung. Am Anfang läßt er sich vielleicht mitziehen, und der Fleißige legt sich umso freundlicher ins Zeug. Aber schon nach kurzer Zeit müssen sich die beiden fast gesetzmäßig in die Wolle kriegen, spätestens dann, wenn sie merken, daß eine Ehe nicht nur eine Sexgemeinschaft ist.

Auch die Verbindung schön und häßlich, dick und dünn, dumm und klug ist auf Dauer zum Scheitern verurteilt, wenn beide Seiten nicht mit herausragenden menschlichen Qualitäten gesegnet sind.

Wenn man älter ist, merkt man, wie billig und falsch das Rezept unserer Vorfahren ist. Die Jungen fallen immer noch darauf rein. Es gibt blonde Frauen, bei denen haben nur schwarzhaarige Männer eine Chance und umgekehrt. Man kann nicht abstreiten, daß eine gewisse Gegensätzlichkeit anfangs erotisierend auf uns wirkt, aber nach der ersten Panne sieht man vielleicht nicht mehr so sehr nach der Haarfarbe des Partners, sondern nach seinen Eigenschaften. Die Japaner dürfen jedenfalls mit Recht die Köpfe schütteln und uns für irrsinnig erklären, wollten wir ihnen raten, nach blonden Frauen Ausschau zu halten.

Schwarz-Blond hat mit Sicherheit die gleichen Scheidungsquoten wie Blond-Blond.

Wer nichts weiß, richtet sich nach Sternbildern oder nach anderen hirnrissigen Methoden. Der Sanguiniker soll gut zum Melancholiker passen. Vorsicht, das ist genau so ein Blödsinn. Die passen garantiert nicht zusammen. Der Sanguiniker ist ein positiv denkender, fröhlicher, der Melancholiker ein negativ denkender, schwermütiger Mensch. Wie sollen die zusammenpassen? Und ein Choleriker ist ein aufbrausender Kerl, der zu niemandem paßt.

Wer seinen Partner nach dem Sternbild aussucht, sollte eins bedenken. Umwelt und Eltern prägen uns, nicht Konstellationen am Himmelszelt, nicht Fügung und Schicksal. Wer in unseren Breitengraden im Winter geboren ist, der krabbelt in das Frühjahr, der erlebt die ganze Sinnlichkeit der Natur und wird davon tief beeinflußt, vorausgesetzt, man läßt ihn auch krabbeln. Weniger gut hat es der, der in den Winter krabbelt, er trifft auf Nebel, auf Kälte, auf Moder und Tod. Seine Prägungen werden ganz anders sein und viel mehr vom Einfluß seiner Eltern abhängen, denn er ist stärker an sie gekoppelt als das Frühlingskind.

Trostphilosophien haben alle einen Zweck. Sie leugnen den erzieherischen Einfluß der Eltern, Geschwister und Lehrer. Die Anthroposophen sind die buddhistischen Eliteeuropäer und die Meister der Realitätsverdrängung. Sie werden nämlich so lange wiedergeboren, bis sie die Stufe der Vollkommenheit erreicht haben und in die Ewigkeit eingehen können. Sie stehen staunend und interessiert am Rande ihres eigenen Lebensweges und sehen zu, was sie anstellen, wie sie sich vervollkommnen und wie sich ihre Kinder auf höhere Ebenen schwingen.

Gleich und gleich gesellt sich gern. Damit ist aber nicht gesagt, daß die nun eine Chance haben. Zwei Hasser hauen sich irgendwann gegenseitig die Schädel ein, und zwei humorlose Pessimisten werden schon nach kurzer Zeit schweigend ihr Mittagsmahl einnehmen und sich nicht viel zu sagen haben.

Was sich neckt, liebt sich. Wie viele führen diesen undurchdachten Spruch im Munde. Wenn ich eine Frau auf einer Wiese mit einem Grashalm kitzele, dann mag das stimmen. Aber dieses einfache, leicht zu durchschauende Necken meint der Volksmund gar nicht, sondern den Beginn des Machtkampfes der Frau. Mit diesem Spruch wird er bagatellisiert, werden uns die Augen verkleistert. Die Frau widerspricht dem Mann einfach, auch wenn er recht hat. Läßt er sich das gefallen oder kehrt sogar von der Wahrheit ab, hat die Frau ein sicheres Zeichen für ihre Macht. Daß sie einen liebesunfähigen Trottel aus ihm macht, das weiß sie noch nicht. Sie kennt den Preis ihrer Machtgelüste einfach noch nicht, weil sie einfältig ist.

Liebe und Haß liegen oft dicht beieinander, höre ich immer wieder. Eins sei erst mal klargestellt, der Himmel liegt nicht gleich neben der Hölle. Gott und Teufel werden niemals miteinander frühstücken.

Liebe und Haß sind doch zwei grundverschiedene Dinge, es sind echte Gegensätze. Wir machen alle einen Fehler, und ich habe ihn auch gemacht. Wir verwechseln wütende, leidenschaftliche Reaktion über eine Ungerechtigkeit mit Haß. Ein Mensch voller Wut ist nach seiner Reaktion wieder das, was er immer war. Hat er dann immer noch einen bösen, starren Gesichtsausdruck, dann lebt er im Haß. Die Liebe hat immer ein freundliches, humorvolles Gesicht. Reine Hasser sind übrigens etwas Seltenes. Haßliebe gibt es nicht. Es gibt nicht den Gotteufel. Wo Haß ist, ist Unfähigkeit in allem. Wo Liebe ist, ist auch Fähigkeit.

Omar Sharif spielte die Hauptrolle in einem Film, der den griechischen Faschismus anprangerte. Er befand sich auf einer Gefangeneninsel, und seine Frau durfte ihn nach langen Bittgängen zum Innenministerium endlich besuchen. Sie gab ihm so viel Liebe, daß er seine Kraft wieder fühlte und einem verhaßten Aufseher ins Gesicht schlug. Man hängte ihn verkehrt an einen Baum und schlug ihn tot, während seine Frau glücklich zurück an Land fuhr. Haß und Liebe sind in diesem Film wunderbar erklärt.

Stille Wasser sind tief? Vorsicht, es gibt welche, die sind nur einen Millimeter tief und ganz still. Ich würde keinem raten, da einen Kopfsprung reinzumachen.

Man sollte erst mal davon ausgehen, daß stille Frauen zu sind, vollkommen zu. Es sind Dornröschen, schlafende Dornröschen. Und auch wenn nur noch eine Stunde an ihren hundert Schlafjahren fehlt, lassen Sie sie schlafen. Und wenn sie munter wird, dann lassen Sie sie kommen, lassen Sie sie auf Sie zukommen.

Wieso sollte eine stille Frau ein feuriges Mädel im Bett sein? Das Sprichwort ist doch wieder nur ein Trost oder ein Weibertrick, um das introvertierte Kind an den Mann zu bringen. Ein stilles Kind ist mit Sicherheit ein verängstigtes Kind, ein mutloses und phantasieloses. Man kann es zwar anleuchten mit seiner Lampe, aber wenn man weggeht, ist es wieder schön finster bei ihr.

Ich hatte mit Roswitha viel Spaß, sie gefiel mir, und ich ließ meinem Humor freien Lauf. Sie war fröhlich, lachte mit mir über einen Film von Loriot und über meine Scherze. Wir turtelten lustig und verliebt durch Kassel. Erst gegen Abend, als wir durch den Schloßpark spazierten und ich stiller wurde, weil ich sie küssen wollte, war sie auf einmal merkwürdig zugeknöpft. Wir küßten uns nicht im Park. Mir blieb nichts anderes übrig, als sie auf die Schönheit der alten Bäume hinzuweisen und sie auf die blühenden Rhododendronsträucher aufmerksam zu machen. Sie selbst sah nichts.

Als ich sie das erste Mal anrief, fiel mir auf, daß sie nichts zu sagen, nichts zu fragen wußte, sie war einfach still und wartete darauf, was ich sagte. Sie hatte keine Idee, keinen Wunsch, kein eigenes Wort übrig für mich. Ich führte sie durch alle weiteren Telefongespräche und verlor allmählich die Lust, sie anzurufen. Sie rief mich nie an.

Sie hatte Angst vor dem Leben, vor sich selbst und natürlich vor mir. Sie zog sich wieder zurück in ihre Einsamkeit, weil sie genau wußte, daß sie ihr Verschlossensein nicht ständig vor mir verbergen konnte, denn einmal hätte ich sie herausgefordert zum Leben und Lieben.

Sie wollte geführt, abgelenkt, verwöhnt werden. Wenn ich so passiv wie sie gewesen wäre, hätten wir einen quälenden Tag erlebt.

Anstatt sich nun zu freuen, welch positive Kräfte sie in einem Mann aktivieren kann, gab sie sich einfach auf und zog sich in ihr Schneckenhaus zurück. Früher dachte ich immer, ich mache was falsch. Roswitha war fair. Sie sagte mir, daß ich nichts falsch gemacht hätte. Sie wäre eben noch nicht so weit, und ich sollte sie in Ruhe lassen. Das habe ich getan.

Ich erinnere mich daran, wie einmal eine Bekannte meine Ex-Frau fragte: »Wie kannst du es nur neben einem so starken Mann aushalten?« Diese Frau hatte ihren Mann vollkommen untergebuttert, er hatte mich einmal voller Rührung umarmt und dabei geweint. Er war von Haus aus schwach, und darum lebte er noch mit seiner verwirrten Frau zusammen. Der Wahnsinn dieser Frau, geboren aus der Frauenbewegung, hält Stärke des Mannes für etwas Negatives, für etwas, das bekämpft werden muß.

Schwache Persönlichkeiten haben schon immer die stärkeren angegriffen, aber wenn sich eine Frau nicht wohlfühlt bei der Stärke ihres Mannes, dann hat sie eine gefährliche Macke. Sie ist in hohem Maße seelisch krank oder unheilbar defekt.

Ich rate aus eigener Erfahrung jedem Mann, auf der Stelle die Flucht zu ergreifen, wenn frau ihm seine Fröhlichkeit, seinen Mut und seine Tatkraft vorwirft. Diese Frau leidet unter Minderwertigkeitskomplexen. Die ruft der Mann nur wach, daran schuld hat er niemals. Also schnell die Flocke machen, wenn frau die Persönlichkeit des Mannes angreift oder so seltsam still ist. Sie bereitet ihren Schlag in aller Stille vor.

Frauen, die sich zum Beispiel durch die Liebe eines Mannes eingeengt fühlen und ständig von der Freiheit schwätzen, sind unfähig zur Partnerschaft. Aber die sind noch besser als die stillen. Bei denen weiß man wenigstens gleich, woran man ist. Gudrun sagte mir gleich am zweiten Tag am Telefon, ich solle vorsichtig sein, sie wäre nicht so, wie ich glaubte. Da wußte ich es auch schon. Sie konnte nur reden, wenn ich etwas sagte. Blieb ich still, war sie auch still. Schaute ich sie verliebt an, fragte sie, warum ich sie so ansehe und ob an ihr etwas nicht in Ordnung wäre.

Ich war vorsichtig, rief sie einfach nicht mehr an, als sie mich einmal ganz unwirsch fragte: »Was willst du denn?«

Gudrun ist eine sehr lebendige Frau in der Außenwelt. Da ist sie wie ein ängstliches Kind, das im Walde singt, um sich Mut zu machen. In ihrer Singlebehausung ist sie verdächtig still.

Die Rothaarigen sollen besonders feurige Liebhaberinnen sein, das höre ich ständig von den Männern. Nach der Lektüre dieses Buches wird jeder wissen, daß das reines Männerlatein ist. Nicht Haut-, Augen- und Haarfarbe kennzeichnen die echte Frau, sondern ihre Fähigkeit, mit dem Mann so umzugehen, wie er es sich wünscht. Erfüllt eine Frau Ihre Wünsche nicht, dann liebt sie Sie auch nicht. Ist doch ganz einfach. Ich bin leider ziemlich spät draufgekommen.

Die Macht der Frauen

Frauen leiden vielleicht gar nicht unter Orgasmusproblemen? Vielleicht wissen sie sehr genau, daß der Kampf um die Macht über den Mann seinen Preis hat. Die Macht kostet sie die Liebe und ohne diese gelangt man eben nicht zur Erfüllung. Wenn frau seelische Defekte in sich trägt, die aus der Kindheit herrühren, dann ist frau liebesunfähig. Darum geht es hier nicht in diesem Kapitel. So viele seelisch defekte Frauen kann es ja gar nicht geben.

Es ist kaum zu fassen, aber es ist so. Die Macht über den Mann ist den meisten Frauen wichtiger als körperliches und seelisches Wohlbefinden. Sie riskieren lieber einen Unterleibskrebs, als auf die Herrschaft zu verzichten. Die Jungen vor allem können noch nicht ahnen, mit welchem Risiko sie leben, denn Mutter schweigt verbiestert und verklemmt.

Frauen verzichten ganz bewußt auf sexuelle Erfüllung, schieben ihre Machtgelüste heimtückisch in unsere Schuhe und belasten uns mit Schuldgefühlen. Wir können sie zu Tode streicheln, sie kommen nicht. Oder sie kommen heimlich und still. Jedenfalls tragen wir später die Schuld an ihren mit Sicherheit auftretenden körperlichen Gebrechen.

Marion aus Nürnberg berichtet mir am Telefon vom Tod ihrer Schwester. Sie starb mit sechsunddreißig Jahren an Krebs. Und verbittert sagt mir Marion, an diesem Unglück sei nur der Mann ihrer Schwester schuld. Ich kannte das Ehepaar nur flüchtig, hatte den Mann aber in guter Erinnerung, er war offen und fröhlich, seine Frau war es nicht. Marion ist übrigens eine sehr aggressive Frau. Ich schwieg.

Und Manuela schob die Schuld an ihrem Magenkrebs auf ihren Ex-Gatten, von dem sie schon zehn Jahre getrennt ist. Manuela trinkt und raucht, führt ein verrücktes Leben und hat trotz ihrer Schönheit keinen Partner. Wenn man ihr schon in ganz belanglosen Dingen widerspricht, verfinstert sich sofort ihr Gesicht. Mit wütendem Haß fällt sie über ihren Kritiker her und beruhigt sich stundenlang nicht mehr. Ihr Psychiater riet ihr schon unzählige Male, ihren Haß gegen die Männer zu überwinden, aber sie schafft es nicht. Manchmal weint sie deswegen.

Ich glaube, wir Männer sind nicht so verrückt und tragen unser Begehren offener und nicht als ein Mittel zum Zweck an die Frauen heran. Was tun sie? Sie denunzieren uns gleich als aggressive Machtmenschen oder geile Böcke.

Viele Frauen haben einfach Angst vor Machtverlust, und wenn es nur in den kurzen Augenblicken eines aktiv und intensiv erlebten Orgasmus ist. Sich in die Liebe fallen lassen, das empfinden sie bereits als Machtverlust, und das ist es ja auch. Etwas gemeinsam erleben heißt teilen, abgeben, sich gleichstellen. Hingeben bedeutet für sie wahrscheinlich aufgeben. Dieser Irrtum wird nun schon seit Jahrhunderten von Generation zu Generation weitergegeben, und er entstand, als die Frau noch vollkommen vom Mann abhängig war. Die Wechseljährige muß es gewesen sein, die vor lauter Angst, ihren nimmersatten Ehemann zu verlieren, dem Töchterlein diesen Irrtum einflößte. Rousseau hat diesen ganz brav und verklemmt in seinem Buch *Die neue Heloïse* verewigt. Dieser französische Revoluzzer, auf den ich in jungen Jahren auch hereingefallen bin, hat in seinem Leben buchstäblich platonisch geliebt. Platonisch lieben, sagte wohl einmal Voltaire, das ist wie ein ewiges Zielen ohne abzudrücken. Rousseau hat keine Ahnung von Frauen gehabt und ihnen Ratschläge erteilt, die Millionen europäischer Männer viel Liebeslust gekostet haben. Auch Goethe hat über Frauen viel dummes Zeug geschrieben. Das war niemals ein Frauenheld. Auch er hat mit seinem Buch »Die Leiden des jungen Werther« die jungen Männer auf die tödliche, platonische Liebe fixiert, auf die romantische, anstatt ihnen Ratschläge zu erteilen, wie man schleunigst eine Frau zu verlassen hat, die einen anderen liebt. Und Kafka schrieb: »Und da ich Dich liebe, liebe ich die ganze Welt.« Und das ist eben falsch, armer Kafka. Du hast dein Leben verträumt und nie erkannt, daß es heißen muß: »Da ich die ganze Welt liebe, liebe ich auch Dich.«

In jungen Jahren fallen all jene auf diesen romantischen Irrtum herein, die als Kind unter einem Mangel an Geborgenheit gelitten haben. Aber das wollte ich jetzt gar nicht alles erzählen.

Frauen sind die wahren Materialisten. Alles Gold und alle Edelsteine wurden doch nur für sie aus der Erde gebuddelt. Für Männer waren und sind diese Dinge nur Mittel zum Zweck, um Frauen damit zu kaufen. Und für diese sind sie nur Zweck, sie sind Macht. Hier weiß jeder Mann Bescheid, da muß man nicht viel sagen. Nur noch so viel: Wenn irgendwo auf der Welt ein reicher Mann auftaucht, ist er sofort von einem Schwarm junger, schöner Frauen umgeben, stimmt's?

Frauen ohne Orgasmus, ohne sichtbare Erregung und also ohne Gefühl treiben während der Liebe wahrscheinlich folgendes: Sie beobachten den Mann, prüfen, ob er noch abhängig von ihnen ist und den Betrug nicht merkt. Damit sind sie so beschäftigt, daß in ihnen nicht die Spur eines Gefühls aufkommen kann. Sie sind es auch, die das ewig lange Vorspiel einfordern. Denn eine trockene Frau signalisiert dem Mann nur allzu deutlich, daß sie nicht liebt, sondern rechnet. Auf Dauer kann sie keinen Mann der Welt halten. Manche Ehepaare – leider machen viele Männer das dumme Spiel mit – benutzen sogar Gleitmittel. Dieser perfekte Selbstbetrug, vor dem ich alle nur warnen kann, endet meistens in einem schrecklichen Fiasko, mit Mord und Todschlag, mit Wahnsinn auf beiden Seiten, mit Haß, Vergewaltigung und allen möglichen Krankheiten.

Auch heute noch wird für die parasitäre Frau die Zeit ihrer Wechseljahre und danach zum gefährlichsten Abschnitt ihres Lebens. Ihr winziges bißchen Lust, falls sie überhaupt je welche hatte, schwindet nun noch mehr. Sie steht jetzt vor der Frage, wie sie den Mann weiterhin in Abhängigkeit halten kann, denn er ist ihr Wirtschafts- und Sozialpartner, ist Vater ihrer Kinder und der, der ihr zur Witwenrente verhelfen muß. Der Gatte beginnt naturgemäß, nach jungen Weibchen zu schielen, und Gattin muß nun alle Register ziehen. Sie hat nur eine Chance, dem Armen muß sie den Sexualtrieb abgewöhnen und ihn zum Trottel machen. Wenn dieser dann mit fünfundfünfzig sagt, Sexualität sei nicht alles und habe in seiner Ehe keine große Rolle gespielt, dann spricht da bereits der perfekt Beherrschte, der Untergebutterte, der sterbende Mann. Ich habe ihn still und verschämt in Sexkinos sitzen, ängstlich durch Bordellstraßen schleichen, unsicher in Pornoheften blättern sehen.

Inzwischen sind viele Männer schlauer geworden und vielleicht emanzipieren sich die Frauen wirklich noch. Es wird ja auch höchste Eisenbahn. Die jungen Männer vor allem benötigen ein paar brauchbare Tips, um nicht in die Falle einer machtsüchtigen, parasitären Frau zu gelangen. Denn so schnell geht die Emanzipation, die echte, eben leider nicht. Es wird noch so manches Töchterlein nach den Regeln des 18. Jahrhunderts großgezogen. Auf die Tips komme ich später zu sprechen.

Die Frauen sind stehengeblieben, nicht die Männer. Wir hatten schon unseren guten Grund, zur sexuellen Revolution aufzurufen. Wir haben dabei bloß eins übersehen: Die Frauen wohnen noch auf den Bäumen und verkaufen Sex lieber, als ihn zu verschenken. Eins sollten wir aber fairerweise sagen: Frauen haben von Natur aus auch einen heißeren Draht zum Zeug, zum Geglitzer, zum lieben Fressen. Das kann man ihnen nicht zum Vorwurf machen. Ihre Aufgabe ist es ja schließlich, Leben auszutragen und zu nähren. Einem Windhund, der das ganze Geld versäuft und verschleudert, können sie nun wirklich nichts abgewinnen. Keine Frau der Welt käme auf die Idee, einen Bettler aufzuheben, ihn mit in ihre Wohnung zu nehmen und sich ein Kind von ihm zu wünschen. Und wenn sie einen Säufer nimmt, dann nur in der Absicht, ihn zu heilen und nicht noch mehr einzuseifen. Frauen benutzen uns zu einem Zweck, das können sie nicht leugnen. Aber wie sie es teilweise machen – also da ist ihre echte Emanzipation schon gefordert. Wenn eine Frau keine Kinder möchte, dann muß sie sich auch neue Verhaltensmuster stricken und kann nicht nach dem alten Schema F mit dem Mann umgehen.

Alles, so sagen die neidgeplagten, machtlosen Feministinnen, ist Männerwerk. Gewalt, Krieg, Umweltschäden, Hunger und Elend hat der Mann allein verbrochen. Wenn es so wäre, müßten wir uns wirklich ununterbrochen schämen. Übrigens haben wir auch ein paar Häuser und Straßen gebaut und manches andere Nützliche vollbracht.

Wer die Fernsehaufzeichnungen vom Schnellgericht über das rumänische Tyrannenpärchen Ceausescu gesehen hat, dem kann unmöglich entgangen sein, daß der gefürchtete Diktator ein armes Häufchen Mensch war, ohne Würde, ohne Männlichkeit, ohne Charakter. Die wahre Herrscherin in diesem finsteren Land war die Frau dieses Chaoten. Er war nichts weiter als ihr erbärmliches Werkzeug. Schreit nicht, Emanzen! Das konnte schon jeder Hobbypsychologe erkennen. Sie war die Furie, die Hexe, die Gewalttäterin.

Und nicht nur in Rumänien hat es so etwas gegeben. Hinter fast allen öffentlichen Figuren der Macht und des Geldes stehen Frauen, dirigieren, entscheiden und herrschen kräftig mit. Hitler, Stalin, Lenin widerlegen diese Tatsache nicht, auch Nero, Iwan der Schreckliche oder Napoleon nicht. Welchen weiblichen Einflüssen diese Männer während der Zeit ihrer Diktatur ausgesetzt waren, ist zwar nicht hinreichend bekannt, aber bekannt ist, daß sie allesamt muttergeschädigte, verhaßte, irrsinnige, größenwahnsinnige Männer waren.

Vor allem in früheren Zeiten erzogen ausschließlich die Mütter die Kinder. Auf den Schößen ihrer vielbeschäftigten Väter durften sie vielleicht mal abends kurz herumhopsen, emotional genährt oder eben verkrüppelt wurden sie von ihren Müttern, Ammen und Kindermädchen. Die Väter gaben vielleicht autoritäre, straffe Regeln im Vorbeigehen, aber Worte erziehen keinen Menschen.

Maria mit dem Kind ist ein Ideal, nicht Wirklichkeit. Wie oft hörte ich in meinem Leben schon aus dem Munde von Mädchen und jungen Frauen die Worte: »Meine Mutter, das Aas.« Wie oft sehe ich Mütter ihre Kinder schlagen, höre sie böse Worte brüllen.

August der Starke, Kurfürst von Sachsen, verbannte die Gräfin Cosel auf die Burg Stolpen. Sie war ihm zu machtlüstern geworden. Gekrönte Frauen waren nicht weniger gewalttätig als ihre männlichen Kollegen.

Ein Volk tut gut daran, wenn es seinen Präsidenten wählen will, Frau und Mutter des Kandidaten genau unter die Lupe zu nehmen. Einen Junggesellen auf den Thron zu wählen, das ist so ziemlich das Dümmste und Gefährlichste, was ein Volk tun kann. Eine liebesfähige Frau erzieht auch einen liebesfähigen Sohn. Der hackt nicht anderen Menschen den Kopf ab, vergewaltigt nicht, baut keine Konzentrationslager, plündert und mordet nicht. Der Einfluß eines unfähigen Vaters wird, weil sie die Schuld zurückweisen und sich vor der Verantwortung drücken wollen, von den Emanzen ganz einfach maßlos übertrieben.

Nach dem Zweiten Weltkrieg zog fast jede zweite Frau ihre Kinder ohne Mann auf. Und wer hat nun die Chaoten, Machos, Gewalttäter in dieser Generation gemacht? Doch nicht die Väter in ihren Gräbern oder in der Gefangenschaft.

Daß eine Frau während der Liebe keinen Ton sagt, in einer ganz bequemen Stellung vielleicht sogar etwas liest oder fernsieht ... ich konnte es nicht glauben, bis ich Männer traf, die mir bestätigten, daß es diesen Typ Frau wirklich gibt. Das beweist ganz deutlich Gefühllosigkeit und Lieblosigkeit. Sie teilt wortlos dem Mann folgendes mit: ›Wie du siehst, mein Alter, machst du mich nicht glücklich. Du bist unfähig, hast nicht das Zeug dazu, mir das Gefühl zu geben, eine Frau zu sein. Sei froh, daß ich um des lieben Friedens willen überhaupt noch hinhalte, mich für dich opfere, damit du dein lästiges Spiel mit mir treiben kannst. Du weißt, mein Schatz, daß du das wiedergutmachen kannst mit ein paar Leistungen, die ich nachher von dir fordern werde. Sonst kannst du das nächste Mal gleich vergessen oder ganz schön zappeln, bis es wieder so weit ist.‹

Frauen spielen dieses Spiel trotz aller sexuellen Aufklärung so perfekt, daß sich des Mannes Schuldgefühle immer mehr verstärken. Er gerät vollständig durcheinander, nichts gelingt ihm mehr so recht. Langsam, aber sicher gerät er in Selbstzweifel und hält sich zuletzt wirklich für einen Trottel. Das Schlimme an der Sache ist: Bei dieser Frau wird er wirklich ein Trottel. Wenn er schließlich impotent und nur noch ein Arbeitstier ist, hat die Frau ihr Ziel erreicht. Sie füttert ihn jetzt vegetarisch, damit sein Trieb immer mehr in der Versenkung verschwindet, und verbannt jede aufklärende Lektüre über gesundes Sexualverhalten.

Jedes Interesse daran würde dem Unterdrückten Hoffnung machen und ihm signalisieren: ›Ich bin nicht nur dein Wirtschaftspartner, ich bin eine Frau. Ich liebe dich. Wir verstehen uns. Ich möchte, daß wir beide glücklich sind. Ich freue mich, wenn du mir etwas schenkst, ich freue mich, wenn ich dir etwas schenken kann. Dein Körper ist mir so lieb wie mein eigener.‹

Unser Mütchen läßt sich etwas abkühlen, wenn wir uns folgendes vor Augen führen: Frauen, die ihren Sexualtrieb unterdrücken und als Machtmittel mißbrauchen, werden schneller krank, leiden an Migräne, Depressionen, verkürzen ihr Leben und müssen so etwa ab fünfzig ihre Zelte im Wartezimmer der Ärzte aufstellen. Frohsinn ist für sie ein Fremdwort. Ich male kein Schreckensgespenst an die Wand. Es ist so, meine Damen. Macht hat einen hohen Preis.

Ich kenne Frauen, die würden ihn gern zurückzahlen, wenn die Uhr nicht längst abgelaufen und alles zu spät wäre. In der Regel wird das Wissen um diese Dinge einfach verdrängt, und frau lebt als Matrone weiter mit diesem bitteren Zug um den Mund. Manche will später noch was retten, und dann spricht man vom Phänomen der sexuell aktiven Greisin.

Verklemmtes Gespräch unter deutschen Intellektuellen

Ich besuchte meinen Freund und seine junge Frau. Für den Abend kündigte er interessante Gäste an, eine emanzipierte Ärztin mit ihrem Mann, einem Lehrer. Wir saßen im Garten. Das intellektuelle Paar begegnete mir freundlich, weil ich freundlich war.

Ich hatte mir von den beiden sehr schnell ein Bild gemacht. Solche Ehepaare kenne ich schon zu Genüge. Dieses hier litt wie viele intellektuelle Paare unter Gefühlsverkühlung. Und es begann eine jener Debatten, die mir langsam zum Halse raushängen. Ich hatte nur die Stichworte dazu gegeben und in den Raum geworfen, Krebs sei Fehlverhalten von gesunden Zellen, hervorgerufen durch die defekte Psyche eines Menschen.

Die Ärztin wußte von Chemikalien, Nahrungsmitteln und Umwelteinflüssen, die den Krebs erzeugen. Ich blieb unerschütterlich bei meiner Ansicht, daß eine gestörte Psyche den Körper zerstören will, ihn schwächt und der Krebs dort reinhaut, wo die schwächste Stelle ist.

Frau Doktor verbat sich meine unqualifizierten Einwände mit der freundlichen Bemerkung, daß wir technischen Schuster doch bei unseren Leisten bleiben und die Medizin den Fachleuten überlassen sollten.

Mir war am Verhalten des Ehepaares von Anfang an aufgefallen, daß es gefühlsmäßig überhaupt nicht miteinander in Verbindung stand. Der Mann prüfte alles, was er sagte, in den Augen seiner Frau, die etwas älter war als er.

Das Thema Krebs wurde fallengelassen, wir sprachen über die Geburt. Die Ärztin lobte die neue Männlichkeit ihres Gatten. Er hatte bei der Geburt ihrer drei Kinder ihren Kopf und ihre Hände gehalten und ihr damit sehr geholfen. Der Mann bekäme eine tiefere, innigere Verbindung zu Frau und Kind, wenn er bei der Entbindung anwesend sei.

»Da ist mir ja etwas entgangen«, sagte ich.

»Selbstverständlich«, nickte sie.

»Also, ich habe einen guten Draht zu allen Kindern, nicht nur zu meinen«, provozierte ich. »Bei allen Säugetieren kann man beobachten, daß sich das Männchen um die Geburt der Jungen keinen feuchten Kehricht kümmert. Die Weibchen verrichten oft an einsamen Orten ihre Sache, kehren zur Herde zurück und fertig.«

»Wir sind ja wohl keine Tiere«, entrüstete sich die Ärztin. »Es geht doch hier darum, daß ihr Männer dann mehr Achtung vor der Frau habt, vor ihrer Leistung, wenn ihr den Kampf der Geburt seht. Und aus dieser Achtung wächst Liebe, oder nicht?«

»Glaube ich nicht. Ihr Frauen redet euch da vielleicht was ein. Oder uns. Aber fragen wir doch mal den Vater.«

Der Lehrer sah niemanden an, überlegte eine Weile und sagte schließlich: »Also mir hat das viel gegeben. Es ist so, wie meine Frau sagt. Das ist ein Erlebnis, das man nie vergißt. Es verbindet die Eltern auf eine ganz neue Art und Weise.« Er sah seine Frau jetzt an. Sie lächelte dankbar.

»Kann es nicht sein, daß die Frauen uns ein ewiges Schuldgefühl einpflanzen wollen? So nach dem Motto: ›Sieh, was ich leiste! Das kannst du in deinem ganzen Leben nicht leisten. Sieh, welche Schmerzen ich erdulde. Alle deine Schmerzen in deinem weiteren Leben werden dagegen ein Klacks sein. Sieh an, wie klein du als Mann gegen eine Frau bist.‹«

Jetzt fielen alle wütend über mich her. Ich hätte scheinbar überhaupt kein Herz für Frauen. Nur mein Freund sagte wie immer nichts und schien zu überlegen. Ich provozierte freundlich weiter und fragte etwas versöhnlich die Männer: »Also, ihr hattet da plötzlich wie aus heiterem Himmel ein Bedürfnis, bei der Geburt eurer Kinder dabeizusein, oder?«

»Ja«, sagte der Lehrer. »Das Weibliche in uns haben wir doch seit Jahrhunderten unterdrückt. Und das tiefe Verständnis für die Frau.«

»Also ich nicht«, lachte ich. »Oder«, kitzelte ich weiter, »ihr beiden Männer seid nicht liebesfähig und eure Frauen verbanden mit ihrem Wunsch, euch bei der Geburt dabeizuhaben, die Hoffnung, aus euch Kerlen anständige Männer zu machen.«

»So ein Quatsch«, sagte mein Freund.

Ich wußte, daß das Quatsch war. Ich kannte meinen Freund sehr genau. Wenn der keinen Draht zum Weiblichen hatte, dann hatte niemand auf dieser Welt einen. Aber für den Lehrer konnte das schon eher zutreffen, und es traf auch zu. Nur hatte ihm die ganze Prozedur nichts geholfen.

»Ich glaube, das Bedürfnis, bei der Geburt dabeizusein, hat der Mann von Natur aus nicht. Ihr könnt mir einreden, was ihr wollt. Wenn es meine Frau gewünscht hätte, wäre ich mitgekommen. Sie hatte wirklich sehr schwere Entbindungen. Ich finde bloß, die Frauen machen aus ihrer biologischen Aufgabe neuerdings einen Kult. Ich bleibe dabei, daß die Frauen uns Schuldgefühle einpflanzen wollen.«

Man empörte sich erneut über mich, was ich doch für ein gefühlloser Klotz sei, und wir kamen noch einmal auf das Thema Krebs.

Ich sagte folgendes: »So viele Frauen und auch Männer haben Beschwerden mit ihren Geschlechtsorganen. Wir können nicht alles auf die falsche Ernährung schieben. Ist es nicht so, daß alle Organe, die nicht benutzt werden, krank werden? Die Natur hat harte Gesetze. Was, sagt sie, ihr braucht das nicht? Bitte, dann mache ich euch eben tot und fertig. Ziehe ich andere groß, die besser ticken. Legt mal einem ein Jahr lang ein Bein in Gips. Das ist hinterher fast nicht mehr zu gebrauchen.«

Mir war längst klar, warum ich in diesem Kreis solches Zeug

redete. Die Ärztin hatte gar keine andere Wahl, als mir zuzustimmen. »Zuviel schadet aber auch«, warf sie eingeschüchtert ein.

»Zuviel?« gab ich zurück. »Hast du Angst, daß ihr euch zuviel lieben könntet?«

»Also du wieder!« Mein Freund versuchte die heitere Tour.

»Zuviel geht sowieso nicht«, sagte ich lächelnd. »Ich glaube eher, daß gerade wir Deutschen uns intellektuell blockiert und seelisch voneinander entfernt haben. Die einfachste, schönste Sache von der Welt ist für uns ein Problem geworden. Wir haben nicht mal einen salonfähigen Namen dafür. Wir bringen das Wort »ficken« nicht über unsere Lippen. Popeln und furzen auch nicht, obwohl es jeder tut. Könnt ihr euch vorstellen, daß der Bundeskanzler überhaupt aufs Klo muß? Wir sind überzivilisiert, wir haben ganz einfach eine Klatsche, wie die Hessen sagen. Stellt euch doch mal eine von diesen idealisierten Figuren auf dem Klo vor, wie sie mit rotem Kopf drücken und sich dann den Hintern wischen? Goethe auf dem Scheißhaus, das wäre doch mal ein Bild! Der muß doch auch einmal auf dem Klo gewesen sein!«

»Also, jetzt gehst du unter die Gürtellinie«, sagte die Ärztin lächelnd.

»Ihr kommt mir vor, wie die puritanischen Geister einer vergangenen Epoche. Unter der Gürtellinie? Was ist denn da? Bei euch findet das Leben scheinbar im Kopf statt. Aber das ist nicht mein Irrtum. Das Leben findet eben nicht im Kopf statt. Das Leben findet statt, wenn jemand zärtlich zu mir ist.« Ich war in Fahrt, ich hatte Wein getrunken und wußte ganz genau, daß man mir meine Worte schwer übelnehmen würde. Aber das war mir egal. Liegt nun im Wein Wahrheit oder nicht? Im Wein liegt sie nicht. Der Wein spült nur unsere Hemmungen weg. Deshalb saufen die Leute ja so viel. Ohne Hemmungen lebt es sich gesünder. Sie heißen nicht umsonst Hemmungen. Sie hemmen das Leben.

Ich war so direkt, daß keiner was dagegen sagen konnte. Das biedere Pärchen hatte mich durch sein Verhalten provoziert.

Ich lenkte ein, den Frauen zuliebe. »Wir müssen uns endlich gegen solche Dummköpfe wehren, die gesagt haben: ›Wenn du zum Weibe gehst, vergiß die Peitsche nicht.‹ Wir müssen das Lieben lernen, uns befreien von dem ganzen Ballast der platonischen, romantischen und christlichen Impotenz. Mich macht es auch wütend, wenn Jesus immer als asexueller Mensch dargestellt wird. Kein Mensch ist asexuell. Und Jesus war doch ein Mensch, oder? Aber wieso schickt Gott seinen Sohn als asexuelles Wesen auf die Erde als Beispiel für den liebevollen Mann?«

Alle lachten.

»So kann man das aber nicht sehen«, sagte der Lehrer.

»Wie kann man es denn sehen?« fragte ich.

»Das Leben besteht nicht aus Sexualität!«

»Bißchen arbeiten müssen wir auch«, lachte mein Freund.

»Tun wir das nicht?« fragte ich. »Aber wir tun es wegen der Sexualität.«

»Und wieso arbeiten Nonnen und Mönche?« warf mein Freund schelmisch ein.

»Die hoffen, daß sie das Entbehrte alles im Himmel nachholen können. Sie haben auf der Erde nur geredet, da oben wollen sie leben. Jede Wette«, sagte ich.

Die Ärztin hatte lange geschwiegen. Nun zog sie ihre Trumpfkarte.

»Krebs im Unterleib der Frau kann auch entstehen, weil die Männer unter der Vorhaut eine gewisse Substanz haben. Dies ist jedenfalls nachweislich krebserregend.«

›Mein Gott‹, dachte ich, ›wie können die miteinander schlafen?‹

Ich fuhr die Guten nach Hause. Die Frau tat mir unendlich leid. Sie ließ sich beim Abschied umarmen wie ein Kind.

Frauen und Kriege

Immer wieder höre ich die Meinung, daß der Mann von Natur aus ein potentieller Mörder ist und in Notsituationen zum Vieh wird. Der Mann sei eben das Aggressive schlechthin. Wer das sagt, der hat noch keine aggressive Frau gesehen. Eines weiß ich ziemlich sicher, wenn ich am Verhungern bin, fresse ich weder meine Kinder noch andere Menschen auf. Ich würde mit meinen Kindern sterben und vorher alles versuchen, um wenigstens ihr Überleben zu sichern. Ich würde sie aus dem Eis retten, auch wenn ich selbst dabei erfrieren würde. Chaval zeichnete mal einen Inselwitz. Da wetzt der Schiffskoch sein Messer und schielt nach dem abseits sitzenden Gefährten, der sich argwöhnisch umdreht. Wir lachen drüber, weil wir genau wissen, daß der Koch seinen Leidensgefährten nicht fressen wird. Echte Not schwächt uns. Ich glaube nicht, daß da ein Mensch noch Kraft und Lust hat, seinesgleichen zu überfallen. Und wenn schon mal ein Schriftsteller Horror produziert, dann bekommen nur Männer diesen komischen Appetit auf Männer, nie auf Frauen und Kinder. Diese gehen zuerst in die Rettungsboote, und so wird es auch bleiben. Der Mann achtet das Leben, seines aber nicht. Wer so sehr am Leben hängt, das sind die Frauen.

Das Leben eines Mannes ist im Grunde genommen keinen Pfifferling wert. Er schmeißt es vor allem dann leichten Herzens weg, wenn er ungeliebt ist, wenn er keine ihn liebende Frau hat. Millionenweise haben wir das auf diesem Erdball schon gesehen.

Wir stehen um das wenige echte Weibliche, das uns zur Verfügung steht, in einem ewigen Konkurrenzkampf. Frauen gingen nie auf die Schlachtfelder mit dem Ruf: »Haltet ein und kommt in die Betten.« Das würde funktionieren.

Der irre Traum der Emanzen geht in die ganz andere Richtung. Sie raten den Frauen zur Verweigerung. Als ob diese das nicht schon immer getan hätten. Meine Damen, ich kann nur eines sagen, dann werden die Kriege noch schlimmer.

Europa hat wahrscheinlich in der nächsten Zeit keine Kriege zu erwarten. In Europa macht der Mann Geld und kauft sich, was er braucht. Er unterliegt nicht mehr der Illusion, daß es das Ziel des Mannes ist, eine Frau zu finden, mit der er seelenverwandt ist. Nach dieser Frau hat sich schon Goethe dumm und dämlich gesucht. So lange kann unser Kleiner nicht warten, es sei denn, man will verblöden.

Ich denke, daß sich in Urzeiten die Kräftigsten und Geschicktesten nur um die Frauen schlugen. Zu beißen gab es doch genug. Im Tierreich wird männliche Konkurrenz vertrieben, im Menschenreich einfach erschlagen. Wir haben ja schließlich Verstand und deshalb tödliche Waffen.

Im Krieg macht das Überleben Spaß und der Gedanke, im Tode nichts verloren zu haben. Wenn das nicht so wäre, würden die Männer nicht zu den Waffen greifen.

Wir Männer leben nur für die Frauen und für die Kinder – für wen sonst? Haben uns das die Frauen beibringen müssen, daß wir sie auf sinkenden Schiffen zuerst in die Rettungsboote lassen? Wann soll denn das gewesen sein?

Die Frauen kümmern sich nur um ihr Wohlergehen, nicht um das des Mannes. Das ist doch das Übel der Welt. Es kümmert sie doch gar nicht, wenn Männer durch die Städte streunen wie Hunde und unter Brücken schlafen. Ein armer Mann ist kein Mann. Das ist die Lehre, die uns die Frau unerbittlich erteilt. Eine arme, schöne Frau ist ein Witz – die gibt es gar nicht.

Besonders schlau kommen sich jene vor, die entdeckt haben, daß Geschosse und Raketen phallusartige Gebilde sind. Sie wollen damit beweisen, daß unser kleiner Junge ein aggressives Instrument ist. Und wenn es das nicht ist, dann sagt die trockene Ärztin eben, wir hätten was unter der Vorhaut. Auf alle Fälle ist unser Instrument was Tödliches. Ich sage mal locker, diese Frauen bereiten eigentlich den Dritten Weltkrieg vor. Diese Verklemmten sind doch in Wahrheit die größte Gefahr für die Welt. Die ignorieren sogar physikalische Gesetze, sie würden wahrscheinlich Raketen wie Teller konstruieren, aber nie in Stromlinienform. Vor der haben sie Horror. Eierform können sie auch nicht wählen, sonst würden verklemmte Männer sagen, Waffen seien Ausdruck weiblicher Aggression. Vielleicht würden sie auch mit Würfeln schmeißen oder mit großen, flachen Tafeln, vielleicht auch mit Knete. Ja, ja, ich weiß schon, ihr würdet gar nichts schmeißen, denn ihr seid ja die friedlichsten Wesen auf der Welt. Wenn die endlich nach eurem Sinne heil wäre, lägen sich alle nur noch in den Armen. Wir Männer wären schwanzlos, unbehaart, hätten Brüste oder auch keine und eine Haut wie Samt. Im Vorparadies angekommen, umarmen sich die Feministinnen erst mal selbst. Wir kommen gleich nach. Ihr könnt erst mal warten, bis ihr schwarz werdet.

Kehren wir noch mal zu dem langgehegten Wunsch männerfeindlicher Frauen zurück, Kriege durch Verweigerung zu verhindern. Diesen Wunsch äußerten sie schon in der Antike, vielleicht hat es ihnen auch ein Softie eingeredet. Ich halte das für möglich, weil ich selbst mal auf diesem irrigen Trip war. Man wollte das Spiel also so lange treiben, bis man das böse Bekriegen aufgibt und auf allen vieren gekrochen kommt, um endlich wieder vögeln zu dürfen. Sexualität wieder als Mittel zur Macht, ganz klar. Gerade aber wegen der schon vorhandenen Verwehrung und Lieblosigkeit der Frauen schlagen die Männer so viel kaputt. Die Gewalt einer ablehnenden Frau ist für den Mann schlimmer als Krieg und Untergang. Bevor Männer blühende Gärten anlegen und in weißen Gewändern darin herumwandeln, um kluge Gespräche über den Sinn des Lebens zu führen, gehen sie lieber in die Kneipe, zum Fußball oder in den Krieg. Zu ergründen, was die Welt im Innersten zusammenhält, fällt nur Faust oder einem weltfremden Sektierer ein. Es war eine gute Übergangslösung, daß überschüssiges, männliches Potential in geistigen Bereichen onanierte, aber diese

Zeit ist vorbei. Das spürt die Kirche, das spüren die Buddhisten, das merken die Revoluzzer und die Philosophen.

Das Weib ist gefordert, nicht der Mann. Der weiß schon mit vierzehn Jahren, wo es langgeht.

Die Verfechterinnen des langgehegten Weiberwunsches, durch Versagung endlich Frieden auf unserem Planeten zu schaffen, wissen immer noch nicht, daß ihre Geschlechtsgenossinnen dieses tödliche Spiel schon immer gespielt haben. Nehmen wir an, die Frauen einer Stadt würden sich alle verweigern und verbarrikadieren. Was würde geschehen? Die Männer würden diese Form der Gewalt annehmen, weil sie ihnen sehr bekannt ist. Sie würden die Barrikaden einfach stürmen. Schießen könnten die Frauen nicht, das wäre gegen ihre Ideologie. Sie hätten also gar keine Chance. Aber eine andere Frage: Wie lange würden die Frauen es denn aushalten ohne Männer? Männer sind prächtige Kameraden an der Front. Sie würden sich vielleicht auch vor den weiblichen Bastionen niederlassen, trinken und scherzen und so lange warten, bis die Frauen auf allen vieren angekrochen kommen. Die Männer würden vielleicht eisern zusammenhalten und wahrscheinlich so lange, bis bewiesen ist, was alle wissen. Frauen brauchen keine Männer zum Lieben, sondern zum Ernähren. Das war und ist ihr Urtrieb.

Aber nehmen wir mal an, keine Seite würde nachgeben. Jede Wette, in den Nächten würden sich heimlich die Huren über die Front schleichen und kräftig absahnen. Die Phallusgegnerinnen könnten warten, bis sie sterben. Ein Mann kann viel länger einsam sein als eine Frau. Ihre sozialen Bedürfnisse sind viel stärker ausgeprägt. Männer können in die Einsiedelei gehen, Frauen nicht. Wenn sie es wagen, werden sie ganz schnell verrückt und sterben.

Nehmen wir weiter an, die Männer würden nachgeben, wären total am Boden und bettelten um die Gunst der Frauen. Diese Jämmerlinge wären so jämmerlich, daß in den Frauen ein Gefühl von Liebe erst recht nicht aufkäme. Und ein Gegner hätte mit diesen weinenden Softies gar leichte Beute. Es müßten also auch die anderen Frauen in den anderen Städten unterrichtet werden von diesem verrückten Experiment. Nehmen wir an, auch das gelänge. Die Männer würden sich um die Frauen gar nicht mehr scheren, sondern jetzt erst recht Krieg mit den anderen Abgewiesenen führen. Sie hätten alle das gemeinsame Gefühl des Todes und würden ihn deswegen auch nicht fürchten.

Und das, ihr lieben Frauen, ist die Realität. Männer wußten das schon immer. Kriege sind also auch euer Werk.

Es könnte aber auch sein, daß alle Männer von der asexuellen List der Frauen erführen. Dann würden sie sich vielleicht verbrüdern gegen ihren gemeinsamen Feind, das Weib.

Das ganze ist Stoff für ein vertrotteltes Theaterstück. Leben ist es nicht. Frauen werden niemals offen ihren Kampf führen wie die Männer.

Ich dachte lange vor dem Zusammenbruch des Kommunismus, diesen Schwachsinn hält ein Volk nicht ewig aus. Und ich denke heute, den Schwachsinn der Feministinnen und Emanzen kann ein Volk auch nicht lange aushalten.

Das Gift dieser beiden Ismen wird heimlich weiterwirken. Beide würden schießen, wenn sie könnten. Beide sind der Krieg.

Die Frauen haben so ihre Eigenheiten. Ein Matriarchat wäre das letzte, was sich die Welt wünschen kann. Ich garantiere für Tod und Verwüstung, Hunger und Elend. Der Erdball wäre voller herumstreunender, verrückter, unberechenbarer Männer. Es ist doch erstaunlich, wie wenig die Wortführerinnen aus der Emanzenecke vom Leben wissen und wie sie noch immer ins Blaue reden, wenn sie können. Ihre Behauptung, wir Männer seien die Gewalt, ist ihr frechdreistestes Stück. Wenn die Frauen stärker wären als wir, gäbe es eine einzige Keilerei mit ihnen. Unsere Gewalt ist Reaktion auf Lieblosigkeit, die Gewalt der Frauen ist Aktion, sie ist hinterhältig, feig und gefährlich. Sie geht dem Mann an den Nerv des Lebens.

Die Emanzen werben mit ihrem Slogan: »Allein lebt es sich glücklicher.« Das ist doch der Anfang vom Ende. Es wird sich gefährlicher leben, meine lieben Selbstverwirklicherinnen, sehr viel gefährlicher. Eine problematische Frau, unfähig zu echter Intimität, lebt wahrscheinlich allein glücklicher, wenn man das Glück nennen kann. Aber von sich auf die gesamte Frauenwelt zu schließen, ihr Ratschläge aus der Sackgasse zu erteilen, das erinnert mich an Faschismus, an böse Machtgier als Ersatz für echtes Lebenselixier.

Übertriebener Hang zu Politik und Macht ist wahrhaftig eine Sucht. Dieser Hang hat eine Ersatzfunktion, er muß fehlende Liebe ersetzen. Diese süchtigen Männer und Frauen leiden unter einem Gefühl, nicht lebensfähig zu sein. Wenn uns niemand liebt, sagen wir besser, geliebt hat, sind wir ein Nichts. Und dieses Nichts schwingt sich empor und will mit Blut und Tränen seine Liebesbedürftigkeit zeigen. Diese Sucht ist so groß, daß dafür ganze Völker geopfert werden. Dazu möchte ich nur eines sagen: In der Haut einer Frau, die einen Diktator großgezogen hat, würde ich mich nicht wohl fühlen.

Eins steht fest, wenn genügend einsame, ungeliebte Männer rumlaufen, taucht der kleine Diktator auf, sammelt sie alle ein und schon ist der totalitäre Staat geboren. Ist es ungerecht, zu sagen, daß er mindestens zur Hälfte das Werk des weiblichen Geschlechtes ist?

Das Elend der geschiedenen Frauen

Es gibt keine impotenten Männer, es gibt nur ungeschickte Frauen.

Also, es gibt so verklemmte, verzagte, gestörte Frauen, daß dem Mann auf der Stelle alle Gefühle einfrieren, wenn er ihnen begegnet. Sie haben allesamt kein Selbstbewußtsein, sind gefühllos, können nicht streicheln, zupacken, küssen, reden, bezahlen. Sie haben nichts vor, fragen nichts, sehen nichts. Sie sind ganz einfach gefühllos, sie sind verschlossen, hocken wie hinter hohen Mauern und empfinden die Herausforderungen des Lebens als Angriffe auf ihre äußerst schwache Persönlichkeit. Sie sehen keine Blumen und hören keine Vögel singen. Sie sitzen am liebsten daheim und träumen. Und wenn sie schon mal was lesen, dann ein Buch über die Probleme der Männer, denn sie haben natürlich keine.

Mir erzählten schon viele Frauen, wenn ich das Thema Verklemmung anschnitt, unter den geschiedenen Männern und Singles sehe es da auch böse aus. Wenn es ernst würde, zögen sie den Schwanz plötzlich ein und suchten das Weite. Ich fragte also die Prostituierten, ob das stimmt. Die kennen die Männer ja schließlich am besten. Ja, es gibt Männer, die leiden unter einer höllischen Angst vor der Intimität mit einer Frau. Diese Angst macht sie impotent.

Wir wollen hier nicht analysieren, woher diese Angst rührt. Aber die Prostituierten werden damit fertig, wenn sie Lust dazu haben und entsprechend entlohnt werden dafür. Sie kriegen jeden

Mann hin, aber es dauert oft seine Zeit und erfordert viel Geschick und Erfahrung.

Ich sah mir die Frauen näher an, die so viel von verklemmten Männern zu berichten wissen, die nur zum gefühllosen Quicki oder höchstens zum Eine-Nacht-Erlebnis fähig sind. Und das meistens auch nur, wenn sie im Stoff stehen. Ich machte eine für mich jedenfalls erstaunliche Entdeckung. Alle diese Frauen waren selbst verklemmt, aggressiv gegen das Männliche überhaupt und ohne jeden Funken erotische Ausstrahlung. Sie hatten im Mann eigentlich nur ihr Spiegelbild gesehen, in ihn hineinprojiziert, was sie zu ihrer Selbstbestätigung brauchten, ihre eigene, seelische und daraus resultierende Unfähigkeit zur Intimität. Das sagte ich keiner, sie wäre mir sonst an die Gurgel gesprungen. Aber ich denke, sie brauchen einen Tip aus dem Männerlager. Wenn man es ihnen von Angesicht zu Angesicht sagt, vor allem dann, wenn sie einen Faden zu uns spinnen wollen, schotten sie sich auf der Stelle ab, ziehen die Möse ein und hauen ab. Sie wissen schon, daß ich recht habe. Wenn sie in ihr stilles Kämmerlein geflohen sind, träumen sie von dem, der sie mal richtig packt und nichts merkt.

Ich kann mich erinnern, daß ich einmal den Mut hatte, einer Frau zu sagen: »Mein Gott, du bist ja total verklemmt!« Da wurde sie ganz kleinlaut. Sie zog sich nicht in ihr Schneckenhaus zurück, sondern sagte ganz schüchtern am Telefon: »Ich dachte, du hilfst mir ein bißchen.« Sie gefiel mir, wir waren bereits intim. Aber sie wollte nur den Quicki und ging schnell wieder. Und ich wollte ein ganzes Wochenende, einen gemeinsamen Urlaub und vielleicht ein gemeinsames Leben. Ich sagte: »Dann komm schnell zu mir!« Diese Aufforderung war im Grunde genommen mein Wunsch an sie, auch mal was zu geben, sich zu öffnen, sich zu entscheiden. Sie bekam einen Schreck, lehnte ab und ist seitdem in ihrem Schneckenhaus verschwunden. Sie kann's nicht leugnen, sie hat nur genommen, sich verwöhnen lassen, gewartet und nicht mal danke gesagt, wenn ich an einem Sonntag zweihundert Mark für Spaß und Essen ausgab. Bis jetzt sind ihr alle Männer davongelaufen, und ich schrieb ihr auch einen Abschiedsbrief.

Es gibt junge weibliche Singles, die wollen keinen Mann, aber ein Kind. Sie versuchen, sich eins zu klauen. Seien Sie bitte höllisch auf der Hut, Männer. Denn für diesen abscheulichen Betrug bestraft die Rechtsprechung nicht die Diebin, sondern den Beklauten. Da das Wohlergehen des Kindes über allem steht, müssen Sie zahlen. Die öffentliche Meinung ist sogar so manipuliert – na von wem denn? –, daß Sie dann sogar noch ein Schwein sind, weil Sie wieder mal nur das eine im Kopf hatten.

Gabi lebt seit zehn Jahren allein. Sie wünschte sich allen Ernstes ein Kind von mir. Ich brauchte auch nichts zu bezahlen. Gabi legte wenigstens die Karten auf den Tisch. Das Kind sollte ihr die Einsamkeit nehmen. »Ja und ich?« fragte ich erstaunt, »ich liebe die Kinder, die ich zeuge. Heiraten willst du mich nicht, in einer Wohnung willst du auch nicht mit mir leben, frei willst du bleiben und machen, was dir gefällt, aber du möchtest ein Kind von mir.«

»Du hast doch schon Kinder, ich habe keins.« Mir verschlug es die Sprache und die Lust. Gabi wurde aggressiv, und ich ging für immer.

Ich setzte drei Annoncen in die Zeitung. Insgesamt erhielt ich darauf neunzig Zuschriften. In der ersten schrieb ich ganz undurchdacht, daß ich eine selbstbewußte Frau suche, die das Männliche mag. Sechsundzwanzig Frauen zeigten Interesse. Manche waren irgendwie gerührt, weil ich ans Ende der Annonce noch gesetzt hatte, daß ich manchmal auch traurig über verlassenes Geliebtes bin.

Viele Frauen schimpfen ja bis an ihr Lebensende auf ihre Ex-Männer und wundern sich, daß wir das gar nicht so gern hören – erstens, weil wir auch solidarisch mit dem Geschlechtsgenossen verbunden sind und zweitens, weil wir wissen, daß wir Männer sehr oft berechtigte Gründe haben, eine Frau zu verlassen. Wenn also eine geschiedene Frau ihren Verflossenen zu viel beschimpft, werden wir nicht mißtraurisch gegen ihn, sondern gegen sie. Und das ist auch goldrichtig.

An den meisten Briefen merkte ich schon, daß da wenig Selbstvertrauen ist. Und das bestätigte sich auch. Meine Annonce hatte eine Art suggestive Wirkung. Mir schrieben nur die Frauen, die an einem Mangel an Selbstwertgefühl leiden und die überhaupt keinen Draht zum Männlichen hatten, also genau die, die ich gar nicht suchte. Ein Freund sagte, es sei doch sowieso nichts anderes übrig. Die, die richtig ticken, seien alle in festen Händen. Um mir selbst Mut zu machen, vertrat ich die Ansicht, es müsse doch auch liebesfähige Frauen geben, die einen unheilbar unfähigen Mann in jungen Jahren genommen hätten. Denn daß es die gibt, kann niemand bezweifeln. Aber wie viele sind es, und kann eine echte Frau nicht jeden Mann zum Mann machen? An dieser Stelle waren wir Männer alle unsicher und wußten nicht recht weiter.

Eine Bekannte riet uns Geschiedenen in einer fröhlichen Runde, wir sollten uns nach einer gesunden Witwe umsehen, die geschiedenen Frauen könnten wir alle vergessen. »Und wenn sie nun ihre Männer unter die Erde gebracht haben?« warf ich ein. Nur die Männer lachten.

Ich gab die zweite Annonce auf. Der Text war ungefähr so: ›Will nicht nur kuscheln, versorgen, Seelenanalyse betreiben und trösten. Ich suche eine offene, aktive, humorvolle Frau.‹

Fünfundzwanzig schrieben mir. Mit einigen traf ich mich. Zwischen Anne und mir funkte es ein wenig. Mir schrieben nur Frauen, die nur kuscheln, versorgt und getröstet werden wollten. Von Offenheit war nichts zu spüren, von Humor auch nicht. Wenn es was zu lachen gab, dann kam es von mir. Als ich mir endlich eingestand, daß Anne niemals die passende Frau für mich und ich nicht der rückgratlose Kuschelbär für sie war, kündigte ich am Telefon an, daß wir miteinander sprechen müßten. Ich wollte sie aus ihrer Passivität herauslocken, sie ermuntern und ermutigen zum Leben und Lieben. Es war mein letzter, ehrlicher Versuch. Als ich abends zu ihr fuhr, lag sie mit einem anderen im Bett – mit Freund Alkohol. Blaß zog sie den Morgenmantel über und sagte, ich brauche nichts zu erzählen, es sei alles klar, ich liebte sie eben nicht.

»Nein«, widersprach ich ihr, »genau umgekehrt! Du liebst mich nicht.«

»Doch«, sagte sie leise.

»Du läßt dich küssen, umarmen, drehst mir im Bett den Rücken zu und machst es dir ganz bequem dabei. Du küßt mich doch nicht, du hältst nur deinen Mund hin. Wieso ist das Liebe?«

»Du hast schon recht«, gab sie kleinlaut zu, »ich liebe eben noch meinen Mann.«

Von dem war sie aber schon acht Jahre getrennt, er war längst wieder verheiratet. Mir war nur aufgefallen, mit welcher Genugtuung sie immer davon erzählte, daß es ihm auch nicht besser ginge mit seiner neuen Frau.

Sie war müde und wollte wieder ins Bett. Ich ging.

Ich hatte wieder eine Suggestivannonce formuliert. In der dritten schrieb ich: ›Lust auf Leben und Mann haben nur echte Frauen. Ist zufällig eine unter 45 frei? Bin ein Schrecken für Emanzen und andere Unfähige.‹

Es schrieben etwa vierzig Frauen, einige waren verwitwet. Lust auf Leben hatten die meisten. Sie wollten reisen in ferne Länder, gut speisen, chic ausgehen. Lust auf Mann hatte keine, ich konnte jedenfalls nichts bemerken. Und so was spürt ein Mann eigentlich auf Anhieb. Die Hälfte der Frauen waren Emanzen, fühlten sich provoziert und wollten es mir zeigen. Mit einigen traf ich mich, es gab sofort Streit. Mit einigen hatte ich am Telefon vereinbart, daß wir uns nicht erst in verquälte Gespräche einlassen, wenn es nicht sofort ein bißchen funkt. Sie waren ganz erstaunt, teilweise schokkiert, als ich dieses Vorhaben in die Tat umsetzte. Ein paar Sätze, und ich ging wieder. »Es war so vereinbart«, sagte ich freundlich, »Sie haben zugestimmt und hätten es auch so machen können.«

Mit einer sehr schönen Frau traf ich mich, ohne Gebrauch von der Vereinbarung zu machen, einfach wieder zu gehen, wenn es nicht funkt. Es funkte auch nicht. Aber es interessierte mich, wie es dazu kommt, daß eine so schöne Frau auf eine Annonce schreibt. Sie begründete es damit, daß es in unserer Gegend wenig

Männer gibt, die zu ihr passen. Sie hatte studiert, und ich glaubte ihr das. Umgekehrt war es ja auch so.

Als die Schöne von meinen Einkünften erfuhr, wurde sie auf der Stelle abweisend. Bis jetzt hatte sie nur reiche Männer gehabt. Sie hatte geringere Einkünfte als ich, weil sie nur halbtags arbeitete. Es war ganz klar, was sie suchte. Beim ersten Treff hatten wir über alles mögliche gesprochen, nur nicht über Geld. Für unseren zweiten und letzten Treff verabredeten wir uns in einer Tanzbar. Tanzen konnte sie nicht. Sie hatte nur eins vor, und das merkte ich sehr schnell, sie wollte sich und ihrem Freund ruckzuck beweisen, was sie für eine tolle Frau ist, wie mühelos sie in feste, vermögende Hände kommt. Sie hatte sich vor kurzem auf Hawaii mit ihrem Liebsten zerstritten, und er hatte sie verlassen.

Sie stimmte mir zu, daß Liebe unmöglich ist, wenn der Mann nur noch ans Geldverdienen denkt. Auf der Heimfahrt sagte sie mir, es hätte alles keinen Zweck, wir fänden sowieso keinen Draht zueinander. Das war auch meine Meinung.

Ich annoncierte nicht mehr. Man muß die Frauen im Leben treffen, also ins Leben gehen.

Geschiedene Frauen sind in der Regel alle unschuldig. Kaum eine gibt ihren Anteil am gemeinsamen Mißgeschick zu. Während die Geschiedene auf ihren Alten schimpft, um sich herauszustreichen, erinnert sich die Witwe nur an schöne Tage. Sie sieht die Vergangenheit durch eine rosarote Brille. Sie hat natürlich den tollsten Hecht aller Zeiten gehabt. Er ist nur vor der Zeit gestorben, weil er so viel gearbeitet und geraucht hat. Und den Krebs, naja, das lag schon in seiner Familie.

Und ein Mädchen, das mit dreißig noch immer keine feste Bindung zu einem Mann hatte, kann man erst mal abhaken.

Ich bin ein paarmal bei geschiedenen Frauen in die Irre gegangen. Es waren alles solche, die länger als drei Jahre allein gelebt hatten. Ich bin sehr aktiv auf alle zugegangen, war zärtlich, stürmisch und voller Ideen darüber, was wir an den Wochenenden anstellen könnten. Mit Karin flog ich nach Sizilien, freute mich auf einen schönen Urlaub. Ich mietete ein Auto, aber sie kam nicht mit. Sie wollte nur am Strand liegen. Tanzen wollte sie plötzlich auch nicht mehr mit mir. Am dritten Abend, wir spielten mit einem Schweizer Ehepaar Karten bis in die späte Nacht, machte sie mir eine häßliche Szene ohne einen für mich ersichtlichen Grund. Ich dachte nach. Was war passiert? Wir hatten Karten gespielt und so dabei gelacht, daß uns der Bauch weh tat und die Augen tränten. Und jetzt erinnerte ich mich. Karin hatte nicht mitgelacht. Sie konnte an der Fröhlichkeit nicht teilnehmen und war irgendwie neidisch auf mich. Das hat dann zu dieser häßlichen Szene geführt. Sie war in diesen Augenblicken der blanke Haß, des Teufels Tochter höchstpersönlich. Sie fühlte sich von mir alleingelassen und dem Leben ausgesetzt.

Den meisten Frauen ist schmerzlich bewußt, daß sie ihren Anteil haben an der Zerrüttung ihrer Ehen, daß sie die Väter ihrer Kinder gehaßt haben, weil sie nicht lieben können. Auf die Idee, sich mal näher unter die Lupe zu nehmen, kommt keine. Lieber verteufeln sie jeden anderen Mann, der ihnen zu nahe kommt.

Solche Frauen leben allein. Sie sollten sich mal fragen, was sie eigentlich für einen Mann suchen. Sich der Vergangenheit stellen, das ist immer schmerzlich. Diese Frauen wären dabei vielleicht auf die Idee gekommen, zu ihren Männern zurückzukehren. Aber die waren entweder schon an einem Herzinfarkt gestorben oder längst wieder verheiratet.

Gute Nacht, Mädels, ihr könnt einem leid tun. Ihr könnt zwar nichts mehr retten, aber ihr solltet wissen, daß noch etwas zu gewinnen ist. Ihr bestraft euch doch nur selbst, wenn ihr so weitermacht.

Das Elend einer Frau ist immer zugleich das Elend eines Mannes auf dieser Erde. Leider.

Das Gesetz der Frau beherrscht die Welt

Die Ehe, so wie wir sie kennen, ist ein großer Irrtum. Das Weibchen, wenn es schon mal Lust hat, will mit einem Märchenprinzen, dem Schönsten, dem Stärksten, dem Reichsten, dem Zärtlichsten, dem Geilsten, dem Draufgängerischsten zeugen und tut es aus Berechnung lustlos und madonnenhaft mit dem Ehemann.

Das Männchen ist fähig, mit jedem heißen Weibchen zu zeugen, ob es nun schön oder häßlich ist. Ein heißes Weibchen verführt jeden Mann, und die Männer sind auch immer auf der Suche nach so einem Weibchen. Wir suchen nicht nach einer Jüngeren oder nach einer Schöneren. Das wird nur immer fälschlicherweise behauptet.

Bis jetzt noch stellt das Weib die Bedingungen, niemals der Mann.

Diese Tatsache verdrängen die religiöse Menschheit und vor allem die Frauen seit einigen tausend Jahren. Als das die Männer begriffen haben, sind sie vor Schreck in die roten, schwarzen oder gelben Kutten gesprungen, um die Götter zu bitten, ihnen im Kampf gegen das Sinnliche beizustehen. Die anderen zettelten Kriege und sinnlose Revolutionen an. Ein paar hatten vielleicht Glück mit einer gescheiten Frau, die so viel Gefühl zuließ, um den Mann in seiner ständigen Not begreifen und ihm helfen zu können.

Religiosität ist also männlichen Ursprunges. Deswegen sind die Götter und Propheten meistens männliche Gestalten. Sie ist Vorbereitung auf das wahre Leben im Himmel, ist geistige Selbstbefriedigung überflüssigen, männlichen Potentials, ist die Notlösung der an den Rand getriebenen Böcke gewesen. Gott ist Liebe, sagen die Christen. Und Liebe, meine Damen Emanzen, ist weiblich. Aber wenn es bald »die« Gott heißen soll nach dem Willen der Emanzen, werden wir darauf bestehen, daß es auch »der« Liebe heißt.

Wenn wir auf dieser Erde endlich was regeln wollen, muß die Frau zum Menschen werden. Männer wollen überflüssigen Samen nicht in Ackerfurchen legen, sondern eigentlich in die Frau, oder? Und wenn die nicht aufhört, vom Märchenprinzen zu träumen, macht der Mann wieder Blödsinn, weil er eben blöd wird. Oder er arbeitet wie ein Bienchen, wohlgemerkt wie ein Bienchen und nicht wie eine Drohne, um reich zu werden und wenigstens eine Bedingung der Gnädigsten zu erfüllen. Wer will es leugnen: Reiche Männer gelten als Männer? Das ist das Gesetz der Frau, wir beugen ihm uns nur. Was haben wir sonst für eine Wahl?

Die Frau beherrscht die Welt, die Männerwelt, niemand anders.

Der Mann ist schon lange ein Mensch – Frauen haben kein Gefühl

Die gefühlvollen Menschen sind die Männer, nicht die Frauen. Im direkten Umgang mit der Frau sind wir gezwungen, es zu verbergen, einesteils, um sie nicht zu beschämen, andernteils, um nicht noch mehr in ihre Abhängigkeit zu geraten. Wenn wir Gefühl zeigen, unsere harte Schale öffnen, empfindet uns die von der Mama falsch Programmierte als unmännlichen Schwächling und lehnt uns ab. Wenn ein Mann weint, empfinden Frauen Mitleid, weil er dann wirklich leidet, aber niemals Liebe. Ein Softie weint, weil er unter Lieblosigkeit leidet und nicht, weil er endlich das gute, bessere Weibliche in sich zuläßt. Im normalen Leben weinen übrigens weder Frauen noch Männer.

Gefühl soll was Weibliches sein, Gewalt was Männliches. Daß ich nicht lache.

Ich habe Frauen Musik von Mozart vorgespielt. Musik hat bekanntlich was mit Gefühl zu tun. Wahrscheinlich gibt es männliche Gefühle, die Frauen nicht empfinden können. Jedenfalls sagte keine was zu dieser göttlichen Musik. Sie sagten, sie lieben Mozart, aber sie hören ihn gar nicht.

Weil Frauen nicht wie Mozart komponiert, wie Caspar David Friedrich gemalt, wie Victor Hugo gedichtet haben, sagen die Emanzen nicht, daß sie das nicht bringen, sondern sie sagen, die Männerwelt hätte sie daran gehindert. Wer hat denn je eine Frau daran gehindert, Stücke wie Shakespeare zu schreiben?

Die Sache ist doch ganz anders. Frauen konnten und können diese Art von Kunst nie produzieren. Die klassische Kunst entsprang rein männlichem Gefühl. Es sind männliche Triebäußerungen am wahren Leben gehinderter Außenseiter, es ist Jammern, Bitten, Flehen, Träumen, Leiden. Es ist Bitten um weibliche Gunst. Die Muse, und die ist nun wirklich etwas Weibliches, braucht der Künstler, um Kunst zu machen. Ohne Muse konnte der Maler zwischen Zentnern von Farbe sitzen, er brachte kein Bild zustande. Vincent van Gogh rührt uns alle, weil er keine Muse hatte. Er erstickte in sich selbst, weil er nichts zum Anbalzen fand. Wäre er zu Lebzeiten berühmt und reich geworden, hätte er seine Muse schon gefunden. Ein armer Künstler ist wie ein Bettler. Keine Frau hebt ihn auf. Deshalb künsteln sie alle wie besessen, um zu Geld zu kommen, und nicht um der Welt irgendwelche Botschaften hinzupinseln oder aufzuschreiben. Künstler sind Leidende, die um Hilfe rufen.

Es gibt also gar keine weiblichen Gefühle. Mit was sie uns ausstechen und diffamieren wollen, sind doch keine Gefühle! Das Weib fühlt nur sich, aber nicht den Mann. Der Mann fühlt das Weib und das ganze Leben, weil er immer an der Schwelle des Todes steht. Frauen haben ein ausgeprägtes Ichgefühl. Das besitzen wir nicht. Mehr Gefühl für die Art, für die Menschheit, für die Kinder, die Tiere, die Blumen tragen die Frauen nicht in ihrer Brust, auch wenn sie die Blumen in die Zimmer stellen.

Ich zeigte Frauen Berge, Täler, das Meer, Blumen, Käfer und herrliche Bäume. Sie liefen wie Roboter neben mir her und sagten höchstens »Ja«.

Die Frage: Was hat denn der für Frauen kennengelernt?, wird bestimmt gestellt. Viele, kann ich da nur sagen. Ich weiß, was ich empfinde, und ich irre mich nicht so viele Male, und ich lerne bestimmt nicht immer nur die eine Sorte Frau kennen. Ich beobachte schließlich auch andere Menschen.

Zeigt mir irgendein Gedicht von einer Frau, es ist Selbstbespiegelung. Eine einsame Frau äußert keine Gefühle. Sie träumt, tut gar nichts und wartet.

Und Tränen sind noch lange kein Beweis für Gefühl, für Liebesfähigkeit. Zum Beispiel weinen Kinder doch nicht, weil sie was fühlen, sondern weil sie was wollen. Männer weinen nie, wenn sie was wollen oder wenn ihnen was zuwider läuft. Sie vermissen etwas, wenn sie weinen. Sie wollen Liebe.

Die zum Liebe geben aufgeforderte Frau jammert, weil sie ihre alten Machtpositionen aufgeben, vom Baum runter und ein Mensch werden muß. Die Feministinnen sind nichts weiter als die alten Feldwebel des machthungrigen Matriarchats, das sich am Ende seiner Ära sieht. Während die Alten um längst verlorene Machtpositionen rumzanken, liegen die Jungen längst beieinander, um das Neue zu wagen. Junge Frauen lassen endlich Gefühle zu, lernen es, Männer zu entdecken, zu streicheln und sie zu fragen, was sie möchten. Junge Frauen entdecken die lustvolle Empfindlichkeit männlicher Haut, männlicher Brustwarzen, männlicher Lippen. Sie entdecken den gefühlvollen Körper des Mannes, beginnen, Bilder an die Wände zu hängen, auf denen Märchenprinzen dargestellt sind. Frauen beginnen langsam zu ahnen, welche positiven Kräfte in uns ruhen und daß es nicht länger ihre Aufgabe sein kann, nur zu hamstern und den fleißigen Mann wie eine Drohne zu behandeln. Sie beginnen zu begreifen, zu fühlen, daß der Mann lieber die Welt in Scherben haut, als ungeliebt zu bleiben.

Die größten Diamanten, die größten aber auch schon die kleinsten Schiffe tragen in der Regel weibliche Vornamen. Die Galionsfiguren auf alten Koggen waren Frauen. Schon immer ehrt, verehrt, verwöhnt der Mann die Frau. Er opfert für sie sein Leben, sein Geld, seine Gefühle.

Jetzt will er auch mal was. Er will echte Liebe. Sonst macht sich in den Frauengeschädigten immer wieder die Idee breit, sich zum Herrscher aufzuschwingen, um auf sich aufmerksam zu machen und sich dafür zu rächen, daß man sie gefühllos erzogen und damit seelisch unterernährt hat.

Wenn sich Frauen vor Männern ekeln

Die wildesten Emanzen der siebziger und achtziger Jahre sind inzwischen ziemlich alt und still geworden. Sie leben in der Versenkung, vielleicht sogar in einer Ehe oder in einem Hexenhäuschen.

Ihr Irrtum war ja der – und darunter leiden ihre jüngeren Nachfolgerinnen ebenfalls –, daß sie wie alle Revoluzzer eine verrückte Theorie in den Mittelpunkt ihres Denkens gesetzt hatten. Theorien sind ja grundsätzlich was Verrücktes, es sind Schein- und Trugbilder, geboren aus der Unkenntnis des Lebens und des eigenen Ichs.

Frau wollte dem weiblichen Geschlecht zur Gleichberechtigung verhelfen. Frau dachte sich berechtigt, gleich zu sein mit etwas, von dem frau verschieden ist und auch bleiben wird. Wir Männer verkennen oft die Situation der Frau in unserer Gesellschaft, ihre Rolle in der Familie. Da haben wir Männer wirklich Dreck am Stecken. Mann und Frau sind jedenfalls nicht gleich.

Theorien sind Verdrängungsmechanismen. Die Emanzen verdrängten allesamt, daß sie keinen Draht zum männlichen Geschlecht finden können, daß sie es hassen und sich vor ihm ekeln. Mit diesem schlimmen Mangel kann frau eigentlich nicht leben, kann frau nicht Frau und Mutter, nicht Gefährtin, Freundin und Sexualpartnerin des Mannes sein. Zugeben kann frau den Mangel auch nicht, denn dann führt der nächste Weg gleich zum Seelendoktor. Frauen, die das versucht haben, und das sind gar nicht wenige, wissen, wie wenig erfolgreich das ganze Gerede und Analysieren ist. Davon wird frau noch nicht partnerfähig. Sie kann Berührungsängste und Ekel nicht überwinden und ein gesundes Sexualleben führen. In Deutschland gibt es eine Spezialklinik, da lernt frau das Berühren und Umarmen, das Annehmen des männlichen Körpers. Solange aber eine Ideologiesperre im Köpfchen nicht aufgehoben wird, schlagen alle Versuche dieser Art fehl.

Frauen, die nicht küssen wollen, leiden unter einem Ekel vor Speichel und Sperma. Man kann davon ausgehen, daß eine putzsüchtige Frau mit großer Sicherheit keine gute Liebhaberin ist. Sie ekelt sich vor allem, was sie so Schmutz nennt, vor jedem Handschlag und sogar vor ihrem eigenen Schweißgeruch. Achselschweiß wird totgesprüht. Die Ärmsten ekeln sich vor den herrlichen Düften, die den behaarten Bereichen bei Mann und Frau entströmen. Frischer Schweiß ist unser bestes Parfüm. Wer das nicht weiß, der mag nichts und am wenigsten sich selbst. Indem sie ihren gesamten Körper in Creme packt, zieht sie gleichsam einen Wall von Ablehnung um sich. Sie gibt vor, ihre Haut vor dem Älterwerden zu schützen. Reiner Selbstbetrug! Natürlich hat sie Angst vor dem Älterwerden, denn sie erhofft sich ja noch einen Märchenprinzen. Für den will sie sich fit halten. Im Leben ohne Liebe verwelkt sie jedoch immer mehr und immer schneller. Woher soll sie wissen, daß Liebe die Haut jung hält? Es steht zwar schon in allen Zeitungen, aber sie glaubt es nicht. Sie kann nicht zugeben, daß sie unter einer seelischen Blockade gegen das Männliche leidet. Wie kann frau das ablehnen, ohne daß sie ein zerrissenes Bündel Fleisch und Blut voller unerfüllter Sehnsüchte ist? Warum zerstören Frauen sich selbst? Ich kenne viele ältere Damen, die sich für die Einsamkeit entschieden haben. Sie leiden alle schrecklich, trinken, rauchen, bewegen sich wenig, schlafen schlecht und kränkeln vor der Zeit.

Liebende können sich gegenseitig auffressen, so gut schmecken sie sich. Ihre Seelen und Körper bilden eine Einheit.

Nun darf man natürlich nicht denken, eine schlampige, stets ungewaschene Frau ist die richtige Liebhaberin. Die hat schon alles aufgegeben, und um die macht man gleich einen großen Bogen. Die hat zu gar nichts mehr Lust.

Ja, warum ekelt sich eine Frau vor dem Mann? Wir analysieren das ein bißchen. Nicht um sie zu heilen, denn das ist eine mühsame und fast erfolglose Sache, sondern um sie besser zu erkennen. Wer in ihre Fallen rennt, der ist verloren, wird sich in ihren Armen nie als Mann fühlen können.

Gestörte Beziehungen zum Vater oder gar keine, dazu noch eine emotional unterkühlte Mama, und die Tochter verliert die angeborene, innere Bindung zum Mann. Väter, die ihre Töchter nicht liebevoll annehmen, sie nicht umarmen, streicheln und Küßchen geben können, weil die wiederum keine liebevolle Mama hatten, geben deren Unfähigkeit auf die Tochter weiter. Väter, die streng, gewalttätig und nur rational mit der Tochter umgehen, prägen sie mit Abneigung und Ekel vor dem männlichen Geschlecht. Wenn Mutter sich nun auch schon ekelt vor dem Mann, dann ist das Schicksal des Mädchens vorbestimmt bis ins Detail. Sich vor allem ekelnde Frauen sind liebesunfähig, solange sie diesen Ekel nicht überwinden. Sie bekommen manchmal schon bei einem Kuß auf die Wange einen Ausschlag. Sie reagieren allergisch auf den Mann, zum Beispiel mit Flecken am ganzen Körper, nachdem sie sich umarmen ließen.

Es ist eine Tatsache, daß Menschen, die zu wenig geliebt wurden, auf Zärtlichkeit mit Aggression reagieren. Zärtlichkeit macht ihnen den Mangel bewußt. Wenn Frauen nun aber mit einem Mann leben wollen, können sie ihn nicht anbrüllen, wenn er sie streichelt. Dann haut er ja auf der Stelle ab. So lenkt ihre Psyche, ihr natürlich völlig unbewußt, die Abwehrreaktion auf den Körper. Die Frau hat nur eine Chance, sie muß sich dem Problem stellen. Und wenn es sich nicht löst, dann darf sie sich keinen zärtlichen, sondern muß sich einen groben Zankpartner suchen. Wenn sie den nicht findet, dann modellieren sie sich den zärtlichen Mann zum Grobian, wenn er nicht aufpaßt. Ganz klar, vor diesem Ekel kann sie sich ekeln und damit nach ihren Prägungen leben. Sie nennt ihren Mann auch Ekel. Und der Arme weiß in der Regel nicht, was ihm da widerfährt. Zuletzt sprüht der sich auch dauernd Duftspray unter die Arme und läßt es sich gefallen, wenn sie ihn naserümpfend unter die Dusche schickt. Er zuckt auch zusammen, wenn er Mäuse und Spinnen sieht.

Gerhard erzählte mir, daß seine Ex-Frau eine von diesen sich ständig ekelnden Wesen ist. Er griff sich an den Kopf. »Und ich habe mich immer gewundert, wenn sie nach ihrem Bad sagte: ›Kommst du gerade jetzt, wo ich in der Wanne war!‹ Sie rannte, wenn ich sie doch überredet hatte, hinterher sofort wieder ins Bad und wusch sich ausgiebig.« Gerhard lebte selbst jahrelang in der Überzeugung, sein Sperma sei etwas Ekliges, Unerwünschtes. Das war es ja für seine Frau leider auch. Sie brachte ihren Mann dazu, daß er sich vor sich selbst schämte. »Sie wollte mein Glied nicht sehen, fand es häßlich. Bei der Liebe löschte sie das Licht. Zuletzt löschte ich es schon immer aus, wenn sie im Bad war. Sie huschte schnell unter die Decke und überließ mir alles weitere.«

Ich riet ihm, seinen Haß gegen diese Frau endlich zu überwinden, weil ich sah, wie ihn dieser gegen alles andere Weibliche blockierte.

Gewalt in Ehe und Partnerschaft

Das ist ein böses Thema, aber da müssen wir durch. In allen größeren Städten gibt es inzwischen Frauenhäuser. Und warum? Weil der Mann ein gewalttätiges Wesen ist? Das Frauenlager verbreitet die Behauptung, jedes weibliche Wesen lebt unter der ständigen Gefahr, vergewaltigt, grün- und blaugeschlagen, gequält und ausgebeutet, unterdrückt und sexuell genötigt zu werden.

Vielleicht sehe ich wirklich alles durch eine besondere Brille, die andere nicht aufhaben. Ich habe mir die Opfer, die vor die Fernsehkameras geholt wurden, genau angeschaut. In den Augen fand ich Haß, Ablehnung und Feindseligkeit, in den Gesichtern Starre.

Auf der Frankfurter Buchmesse gehe ich freundlich lächelnd auf einen Bücherstand der Feministinnen zu, sehe mir die Broschüren und Bücher, aber auch die jungen Frauen hinter den Tischen an. Ich spüre den kalten Haß nur allzu deutlich und gehe weiter.

Ich schätze, ein Drittel aller deutschen Frauen leidet unter einer gestörten Beziehung zum Mann und lebt deswegen allein. Ein weiteres Drittel ist in Ehe und Partnerschaften dabei, nach den gestrigen und von den Männerhasserinnen überarbeiteten Regeln den Mann in die Ecke oder unter den Tisch zu drängen. Das letzte Drittel ist, hoffe ich, emotional wenigstens noch so gesund, daß es sich ehrlich und offen um eine glückliche Partnerschaft bemüht.

Zwei Drittel der Frauen wollen also, wenn sie noch ein bißchen Bock auf den Mann haben, dominieren über ein Wesen, das Dominanz nur unter Aufgabe der Persönlichkeit, der Männlichkeit ertragen kann, also nicht mehr liebenswert ist.

Diese zwei Drittel sind der Ursprung der Gewalt und aller

Machtkämpfe, auch der rein männlichen, ob sie es nun einsehen oder nicht. Auch die brave, stille Frau, die sich angeblich alles gefallen läßt vom Haustyrannen, die nie einen Ton rausbringt und alles tut, was von ihr verlangt wird, wendet Gewalt an in Form der stillen Aggression und der Versagung. Die Unterdrückungsmechanismen der Frau sind sehr verschieden und den Eigenschaften des Partners angepaßt. Der kräftige, aufbrausende Mann wird mit der stillen Aggression behandelt, der zaghafte, schüchterne mit der schrillen.

Es gibt nun leider eine Minderheit unter uns Männern, die dreht bei diesem Machtkampf einfach durch oder ist selbst so gestört, daß sie Verbrechen begeht, von denen sich jeder Mensch distanzieren muß.

Wer seine Frau mißhandelt und vergewaltigt, ist ein Idiot. Es gibt für ihn keine Rechtfertigung, insofern haben die Emanzen ausnahmsweise recht. Wer einem schwachen Wesen Gewalt antut, der weiß nicht, was er anrichtet.

Klar ist doch, daß er eine Frau hat, die ihn nicht liebt, daß er mit der Falschen zusammengezogen ist. Deswegen säuft er doch auch. Er lebt ohne das Gefühl, ein Mann zu sein. Das macht ihn fertig. Schon die Mutter hat es ihm nicht mitgegeben, und nun gibt es ihm das gestörte Mädel auch nicht. Was kann er tun? Sich selbst am Schopf aus dem Sumpf einer lieblosen Beziehung ziehen und gehen, auch wenn er gerade eine Wohnung eingerichtet oder ein Haus gebaut hat. Er muß gehen, wenn er noch Manns genug ist oder wieder werden will. Er muß Nest und Kinder verlassen und sich erst mal einreihen unter die Schar herumstreunender Männer. Er muß mit den paar Mark, die ihm vom Lohn übrigbleiben, sehen, wie er zurechtkommt. Er muß ausfliegen aus dem Nest und wissen, daß er es nicht für sich gebaut hat, sondern für Kinder und Frau. Die werden auch mit der größten Selbstverständlichkeit darin wohnen bleiben, auch wenn es ihn noch so sehr wurmt. Dem Weib gehört die Erde, nicht uns Männern.

Als Friedrich Nietzsche den leider oft zitierten Satz: »Wenn du zum Weibe gehst, vergiß die Peitsche nicht« formulierte, hat er nicht gewußt, was er sagt. Man schlägt ein Weib nicht, man geht und sucht sich in der großen Herde ein anderes. Und damit Sie nicht wieder danebengreifen und kapieren, was mit Ihnen geschehen ist, müssen Sie schon was tun. Erst mal ein bißchen nachdenken, sonst wird nichts draus.

Die Frau neigt mehr zu Macht-, Ruhm- und Geldsucht als der Mann. Von Natur aus ist sie gefühllos, paktiert gern mit den Geschlechtsgenossinnen nur zu dem einen Zweck, Machtpositionen zu erobern und zu halten.

Feministinnen lassen die Katze eigentlich aus dem Sack, wenn sie in den Kreis des weiblichen Symbols eine geballte Faust einfügen.

Einer herrschsüchtigen Frau kann keiner die Regeln der Partnerschaft beibringen, auch nicht mit Liebe und Gefühl. Sie weiß doch gar nicht, was das ist. Sie ist vollkommen untauglich für eine Beziehung. Wenn sie von ihrer Freiheit, Unabhängigkeit und Selbstverwirklichung schwafelt, kündigt sie unverhohlen ihren Machtanspruch über den Mann an. Sie wird ihm zeigen, wenn er in ihre Fallen tapsen sollte, wo's langgeht. Und wenn der Mann versucht, in ihren verkorksten Lebensrhythmus Ordnung zu bringen, wird sie zur Furie. Der Mann darf nicht einmal seinen natürlichen Biorhythmus mit ihr oder bei ihr ausleben, sondern er muß sich ihren Launen und Verschrobenheiten anpassen.

Noch mal: Das dominierende weibliche Prinzip ist für den Mann tödlich. Er kann es aus natürlichen Gründen nicht akzeptieren, sondern muß die Frau auffordern, dieses Prinzip im eigenen Lebensinteresse der Frau endlich über Bord zu werfen. Denn es ist unnatürlich und falsch. Angeblich gibt es Frauen, die haben es immer gern, da kommt der Mann kaum nach. Leider sind sie alle verheiratet.

Aber wir reden ja jetzt von den gestörten Mädchen. Deren spitze Waffen stumpft die Sexualwissenschaft zwar schon erheblich ab, aber sie wenden sie noch unverdrossen an und ignorieren die Erkenntnisse der Aufklärung, indem sie nichts darüber lesen. Ihre Waffen wie Eifersucht, Migräne, Übelkeit, Müdigkeit, Unterleibsbeschwerden, unbeschreiblicher Geburtsschmerz, Krankheit und Unlust, Zank und Widerspruch sind nach wie vor im Einsatz. Sie benutzten diese Symptome eines Fehlverhaltens als spitze Waffe und verschärften sie immer mehr. Und ihr höllischstes Instrument, die Verweigerung, ist noch immer ihre wirksamste Waffe.

Ich kenne einige berufstätige Männer, die Familie und Haus versorgen, während die Frau draußen rumstreunt, um eine neue Weltordnung zusammenzuprotestieren. Einige rufen abends das Weibchen aus dem Arbeitszimmer zum Essen. Dahin hatte es sich nach einem furchtbar stressigen Tag zurückgezogen, um sich zu entspannen und den nächsten furchtbar stressigen Tag vorzubereiten.

Diese Frauen sind die reinsten Imperatoren. Sie beuteln den Mann so lange, bis er auf allen vieren vor ihr rumkriecht und reumütig endlich das Weinen lernt. Er geht in eine Männergruppe. Denn wenn er sich in seiner Situation nicht wenigstens ein bißchen Entspannung bei Leidensgefährten verschafft, ist es um seine seelische und körperliche Gesundheit noch schneller geschehen. Er wird auch unaufhörlich bedrängt, doch endlich eine Lebensversicherung abzuschließen. Wer weiß, wie lange der das noch durchhält? Herz und Magen schmerzen ihn in jüngster Zeit so oft, und sein Kreislauf ist auch nicht mehr der beste, weil er nicht mehr zum Joggen kommt.

Hat der Mann nun etwas mehr Rückgrat als ein Softie, dann fliegen in solchen Partnerschaften und Ehen sehr bald die Vasen und Teller. Ich habe einen Mann erlebt, der in wahre Weißglut durch den Haß seiner Frau geriet. Er wollte sie mit einem Hammer erschlagen. Seine Frau ist weiß wie eine Kalkwand geworden, und er hat später geweint deswegen. Scheiden ließen sich die beiden bis heute nicht. Er wird nie erfahren, daß er ohne Liebe geheiratet wurde, hat sich inzwischen zu einem demütigen Sklaven verwandelt und gibt seiner Frau, die irre geworden ist, alle seine Fürsorge. Sie sind jetzt ein ganz friedliches Paar. Ich kannte ihn und seine Frau lange genug, um heute sagen zu können, daß sie das Opfer ihrer Mutter und ihres eigenen, dominanten Wesens geworden ist.

Hat der Mann noch etwas mehr Persönlichkeit, ist eine solche Ehe bald wieder geschieden. Und ist der Mann ein bißchen dumm, dann will er die Frau in seiner Rage wahrhaftig mit dem Hammer erschlagen. Sie flieht ins Frauenhaus und klagt den einst »Geliebten« der Gewaltanwendung, der Trinkerei und Vergewaltigung an.

Es ist schon erstaunlich, mit welcher Naivität die Frauenhausbewohnerinnen vor den Fernsehkameras der Reporterin über das Scheusal Mann berichten dürfen und auch nicht mit der kleinsten Andeutung oder Frage auf ihre eigene Rolle in dem fast tödlichen Konflikt gebracht werden. Sie sind nur die armen Opfer.

Ist es wirklich möglich, daß ein Mann eine offene, gescheite, liebesfähige, emotional gesunde Frau verprügelt? Warum sollte er das tun? Da muß er schon total kaputt sein. Und dann frage ich, wieso sie so was geheiratet hat? Da muß doch mit ihr auch was nicht stimmen? Wollte sie ihn retten, vertrauend auf die Kraft ihrer Liebe? Warum hat sie ihn vor seiner Rettung geheiratet? Weil er sein wahres Wesen verborgen hat, höre ich sie sagen. Kann gar nicht sein. Kann denn ein Kaputter sein schreckliches Wesen verbergen unter Zärtlichkeit und echter Männlichkeit? Das kann er nicht. Das kann auch keine Frau, und jeder erfahrene Mann wird das bestätigen. Niemand kann sich vor einem reifen, erfahrenen Menschen verbergen, auch wenn er glaubt, über alle Raffinessen der Verstellungskunst zu verfügen. Die Unerfahrenheit kann schon ein Grund für falsche Partnerwahl sein. Und wer von uns wird denn erfahren ins Leben geschickt? Mit Worten, Bildern und Idealen im Kopf laufen wir herum, aber nicht mit der Fähigkeit, dem Partner das Richtige zu geben und das von ihm zu verlangen, was wir uns wünschen.

Wir Menschen zappeln alle, obwohl wir schon lange geschlechtsreif sind, viele Jahre wie Fische auf dem Trockenen, bis es endlich so weit ist. Und dann vergeht uns Hören und Sehen, und wir taumeln geil in die endlich geöffneten Pforten der Seligkeit. So ist es jedenfalls uns älteren Generationen ergangen. Es gab keine Pille und Kondome, und niemand mochte es so. Wer läuft schon gern mit einer Gasmaske durch einen blühenden Rosengarten?

Wir taumelten ziemlich blind aufeinander zu und in die Betten. Das mag ja aus der Sicht der Kirche oder eines Vermehrungsfanatikers richtig und ein Schachzug der Natur sein, um auch Fähig mit Unfähig zu verkuppeln, aber es ist eigentlich eine Tragödie, wie wir sehen. Es ist ein Ideal, ganz klar, daß nur Fähige zusammenkommen und die anderen kinderlos und Singles bleiben. Es läuft jetzt aber ein bißchen in die Richtung, und keiner kann absehen, wie es ein paar Generationen oder ein paar Jahrhunderte später aussehen wird.

Unfähig mit fähig geht nicht, das können wir drehen und wenden, wie wir wollen. Ist noch nie gegangen. Deswegen erhielten früher die Menschen den Befehl: Bis daß der Tod euch scheidet.

Wenn wir die Ehe abschaffen wollen, funktioniert gleich gar nichts mehr, es sei denn, wir verwirklichen das feministische Ideal und kastrieren die Männer bis auf die Zuchtbullen für die Samenbank. Oder wir verwirklichen vielleicht über Genbeeinflussung das männliche Ideal und züchten die Frau, die immer heiß ist und warten kann, bis der Mann wieder kann. Oder wir führen den Harem ein. Geht auch nicht, was wird mit dem männlichen Überschuß?

Alles Blödsinn! Es gibt nur eine Lösung. Wir haben sie schon genannt. Die Frau muß liebesfähig werden, sich öffnen und alte, falsche Verhaltensmuster ablegen. Die Frau muß endlich fühlen lernen, muß Gefühle zulassen und nicht ersticken unter ihren tausend Bedingungen. Sie kann damit gleich anfangen, indem sie die verklemmte Mama und Großmama endlich erkennt und überwindet. Sie muß sich selbst einen Ruck geben beim Abfallen vom Baum, dann landet die Birne weit weg vom Stamm.

Wir Männer müssen gegen die Frauen antreten, so schwer uns das auch fällt. Wir sind wirklich abhängig von ihnen. Wer das Sucht nennt, ist männerfeindlich. Und wenn er verklemmt sich dem widersetzt, hetzt er sich das Killerkommando der Natur auf den Hals.

Wir Männer sind heute noch darauf angewiesen, den Gesetzen des Matriarchates zu gehorchen. Wir verdrängen mit zuviel Arbeit nicht unsere Probleme, sondern fügen uns einem männerfeindlichen Gesetz. Nur der Mann mit Geld zählt in den Augen der Frauen. Der zärtliche, arme Mann ist doch bloß eine Roman- oder Filmfigur, der Softie ist das Produkt der weiblichen Dominanz und die Hure die Nutznießerin in dem ganzen Schlamassel des Krieges der Frau gegen den Mann.

Stellen Sie sich mal eine Prostituierte vor, die zu einem armen Schlucker sagt: »Na komm, du darfst umsonst.« Da lachen doch die Hühner auf dem Mist.

Unsere männlichen Eigenschaften vergehen nie. Auch wenn die Kirche mit Mönchen in Klöstern beweisen wollte, was nicht zu beweisen ist. Der Mann verliert in der Vergeistigung seinen Geschlechtstrieb nicht und hat auch keinen Frieden auf Erden. Wenn es gegangen wäre und dem Mann die Glückseligkeit auf Erden gebracht hätte, würden Millionen Männer längst in Klöstern leben, und die Frauen würden versuchen, sie zu stürmen. Wir sind mit Recht mißtrauisch gegen einen Mönch. Das ist nicht die Lösung des Mannes, und sie kann auch nicht gottgewollt sein. Sie ist eine extreme Möglichkeit.

Mir erzählte mal ein strenger Vegetarier, durch das Einnehmen von nur rein pflanzlicher Kost hätte er keinen Druck mehr in der Hose. Das glaubte ich ihm. Aber vielleicht hatte er dafür mehr Druck im Kopf. Der Mann mußte ununterbrochen reden, und wenn er niemanden zum Zuhören und Nachmachen fand, war er wie krank und er sprudelte nur noch verwirrtes Zeug hervor. Er lächelte immer freundlich. Mußte er ja. Aber in seiner Einsamkeit, in der ich ihn einmal unbemerkt beobachten konnte, starrte er schmerzlich ins Leere.

Wir werden Männer bleiben und hart arbeiten. Dem Tüchtigen gehört die Frau. Gold ist Liebe in den Augen der Frau. Sie empfinden, wenn sie mit Geschmeide beschenkt werden, erotische Gefühle. Das sagen sie ja selbst. Mach einer Frau ein tolles Geschenk, dann empfindet sie sich und dadurch erst den Mann. Wir müssen also Gold graben. Wenn wir Männer schuften, bekommen wir Liebe. Das ist ein ehernes Gesetz der Natur und hat mit dem

Matriarchat gar nichts zu tun. Aber wir bekommen keine Liebe von einer Frau, auch nicht für alles Gold der Welt, wenn die nicht kann. Also, legen Sie Ihr Gold richtig an, Männer.

Manche glauben jetzt bestimmt, eine reiche Witwe würde keine solchen Probleme verursachen, da sie nicht mehr auf Geld, sondern auf Jungs scharf sein müßte. Grober Irrtum. Die hat ihr Ziel erreicht, und ihr Ziel war nicht der Mann. Sie sucht vielleicht einen Liebhaber, aber sie wird ihn nicht liebhaben.

Wenn Frauen die Männer an den Abgrund bringen

Die liebesunfähige und daher dominante Frau ist immer eine tödliche Gefahr für den Mann. So mancher Aussteiger ist das Opfer einer solchen Frau, vor allem dann, wenn sie von der Frauenbewegung indoktriniert ist.

So stark, wie wir Männer oft tun oder sein müssen, um gegen ein dominantes Weibchen zu bestehen, sind wir ja in Wirklichkeit gar nicht. Alles nur gemacht, alles nur Selbstschutz.

Männer sind Menschen! Bis ins kleinste Dorf Deutschlands hat sich das inzwischen herumgesprochen. Auch dort haben die Frauen unter dem schleichenden Einfluß von emanzipierten Ärztinnen und Lehrerinnen ihre Männer fertig- und kleingemacht. Der Emanzenmief ist über die Medien bis in die kleinste Hütte gedrungen, weil wir Männer gutmütig und doof die Gefahr überhaupt nicht erkannt haben. Jetzt stellen die Frauen langsam und mit Entsetzen fest, was sie angerichtet haben, aber es sind erst wenige, die begreifen können, um was sie sich bei diesem Geschlechterkampf selbst betrogen haben. Überall schreit es noch in den Häusern, drohen die Frauen mit Scheidung und dem gesetzlich so elegant ermöglichten Ruin des Mannes, wenn er nicht kuscht. Die Weiberherrschaft steht noch in voller Blüte. Es kann sogar noch schlimmer kommen, wenn wir bei der künftigen Gesetzgebung nicht achtgeben. Die Unterhalts- und Steuergesetze müssen unbedingt geändert werden. Die Frau dürfte keinen einzigen Pfennig Unterhalt bekommen, wenn sie unfähig und böswillig ihre Ehe zerstört. Wieso muß der Mann, der nach der Scheidung oft auf dem Zahnfleisch kriecht, auch noch an den Staat Hunderte von Mark mehr Steuern zahlen? Eine Scheidung bedeutet für einen Arbeiter mit zwei Kindern den totalen Ruin. Und das wissen die Frauen. Es gibt Ratgeber von Frauen für Frauen, da steht alles drin, wie sie den Mann ausnehmen können. Einen Ratgeber für den Mann, was nützt der? Wir haben nur eine Chance. Von Anfang an aufpassen, höllisch auf der Hut sein vor der Frau in deutschen Landen.

Albert saß immer öfter in der Dorfschenke und soff sich abends einen an, bis ihm die Augen glänzten. Seine Frau trank und rauchte mit, befahl ihm aber immer, wann er mit ihr zu gehen hatte. Als er einmal nach vier Wochen Montage heimkehrte, lag neben seiner Frau ein anderer, übrigens auch ein starker Zecher. Sie reichte die Scheidung ein mit der Begründung: Mein Mann säuft. Und jetzt soff er wie nie zuvor, weinte jämmerlich und wollte an einen Baum fahren.

Der Neue von Alberts Frau war ein windelweicher Softie, dem konnte sie endlich sagen, wo es langgeht. Albert hatte zuviel Widerstand geleistet, und das mußte er jetzt büßen.

Als er vor dem Abgrund stand, zog er mit ein paar Sachen zu seinen Eltern. Völlig blau packte er sein Auto und verließ seine tobende und schreiende Frau.

An den nächsten Abenden hing er nur am Tresen und bestätigte allen, was seine Frau behauptete. Er soff. Auf dem Weg zur Kneipe liefen ihm seine kleinen Kinder entgegen. Er nahm sie auf den Arm, drückte sie und weinte. Ein Mann, der zu solchen Handlungen fähig ist, kann auf keinen Fall ein ganz unmöglicher Kerl sein, sonst hätten sich die Kinder nicht an ihn geschmiegt, hätten nicht mit dem Vater geweint. Mir hat es das Herz im Leibe rumgedreht, als ich diese Szene beobachtete.

Alberts Frau war eine süße, kleine, energische und herrschsüchtige Hexe. Ich möchte nicht behaupten, daß Albert wegen dieser Xanthippe trank, aber man kann es nicht ausschließen.

Die beiden stritten sich jedenfalls oft und böse. Keiner gab auch nur einen Millimeter nach, bis bei ihnen im Bett absolut nichts mehr lief.

Inzwischen sind sie geschieden. Die Frau lebt ganz locker mit dem Softie. Wenn dieser im Stoff steht, wird er noch sanfter. Albert wurde immer aggressiver.

Heute trinkt er nicht mehr, heute ist er ein ruinierter Mann. Ihm bleibt zum Leben kaum etwas, einen großen Teil seines Lohnes erhalten Frau, Kinder, Bank und Staat. Seine Lohnsteuer ist nach der Scheidung auf mehr als das Doppelte angestiegen. Für ihn wird sich in den nächsten Jahren keine Frau interessieren, er ist erledigt, gnadenlos im Abseits. Aber er trägt es mit Würde.

Eigentlich hätten die zwei eine Eheberatung nötig gehabt. Aber was hätte das gebracht? Der Frau spukt ja die neue Frauenidee im Kopf rum, daß der Vater ihrer Kinder ein böser Macho, einer von der alten unverbesserlichen Sorte ist, daß sie o.k. und ihr Liebhaber der neue, männliche Mensch ist.

Viele Männer brechen leider unter der seelischen Last, die solche Ereignisse zwangsläufig erzeugen, zusammen. Sie steigen aus oder müssen aussteigen und den Rest ihres Lebens in einem tristen Dasein verspielen. Wenn es Männerhäuser geben würde, wären sie genauso überfüllt wie Frauenhäuser.

Manche der Ruinierten schmeißen ihren Job aus Rache hin, oder sie verschwinden in der großen weiten Welt. Dieser Gedanke kam mir auch, und meine Ex-Frau erschrak furchtbar. Ihr Rechtsanwalt forderte mich auf, ja nicht auf solche Ideen zu kommen. Ich rappelte mich schneller auf, als ich dachte, sammelte meine Kräfte, fand zu meiner alten, fröhlichen Art zurück und hatte seitdem sogar mehr Erfolg im Beruf als früher. Meine Kräfte, meine Energien zerstreuten sich ja nicht mehr so sinnlos.

Gunter, der seinen Traum aus einer feministischen Sekte herausbettelte, wird sich bis an sein Lebensende ärgern, daß er das getan hat. Er erfüllt heute alle Bedingungen seiner trockenen, emanzipierten Maus, die als Ärztin in ihrem Beruf natürlich

Übermenschliches und Großartiges leistet – mit Naturheilmethoden, das ist klar.

Die Bedingungen stellte sie erst nach der Geburt ihrer zwei Söhne und nachdem diese aus dem Gröbsten raus waren: Sex nur, wenn sie will, aber sie will nicht; getrennte Schlafzimmer, Hausarbeit, Essen bereiten, gesunde Lebensmittel kaufen erledigt der Mann, die Hälfte der Urlaubszeit verbringt jeder für sich allein, jeder kann in seiner Freizeit tun und lassen, was er will.

Sie drohte ihm die Scheidung an, wenn er diese Vereinbarungen verletzen würde. Gunter hat gelitten, aber er hat sich gebeugt. Denn seine geliebten Kinder, sein geliebtes Eigenheim, das alles wollte er nicht verlieren.

Er lebt nun in kindlicher Symbiose mit einer Frau, die ihn nicht liebt, die gar nicht lieben kann. Der große Knall kommt gewiß, ich könnte es ihnen aus der Hand lesen. Sie laufen jetzt beide wie Schatten herum und reden grünrotes Kauderwelsch. Das muß ein böses Ende nehmen, denn Gunter besitzt überhaupt keine männlichen Eigenschaften mehr, denkt verquer über das eigene Geschlecht und ist äußerst aggressiv.

Ich schätze, in ein paar Jahren dreht er durch und macht totalen Unsinn, oder er verwandelt sich in einen vertrottelten Gelehrten.

Intellektuelle Mädchen aus der Emanzenszene, das sind die am wenigsten begehrten Frauen. Mit gutem Grund. Und da hat Gunter reingegriffen.

Emanzen bringen jeden Mann zur Strecke. Wer's nicht glaubt, der kann es ja mal mit einer versuchen.

Viele Frauen werden richtig böse, wenn man sie eine Emanze nennt. Ist ja auch ein Schimpfwort. Aber gerade die, die böse werden, sind Emanzen. Dieser einfache Test genügt, um sie zu entlarven. Eine echte Frau lacht nur und fragt: »Ist das dein Ernst? Ich habe mit denen doch nichts am Hut!«

Ich hatte einmal in kurzer Zeit fünf Emanzen kennengelernt. Sie wußten angeblich nichts von einer Frauenbewegung in Deutschland. Ich glaubte nicht, daß sie keine Ahnung hatten von dem, was sonst noch los ist in der Welt. Aber es ist möglich, daß die Frauen von selbst auf all die selbstzerstörerischen Ideen kommen, denn sie liegen ja in ihren Prägungen, brauchen nur wachgerufen zu werden. Dann kommt bei ihnen der Aha-Effekt. Die Zeugen Jehovas stellen sich ganz still auf die Straßen und warten, bis der Gleichgeprägte auf sie stößt.

Die fünf besaßen alle kein Selbstvertrauen, schimpften über das männliche Geschlecht, fürchteten Intimität, waren allesamt in psychotherapeutischer Behandlung, waren geschieden und reagierten äußerst aggressiv auf die leiseste Kritik.

Ich beherrsche den Umgang mit solchen Frauen ganz gut, und alle fünf versuchten, mich zu angeln. Ich provozierte eine wie die andere in lockerer Art und traf immer die Nägel auf die Köpfe. Ich sagte allen, daß sie keine richtigen Frauen und nicht fähig seien, im Bett Probleme hätten und Schmerzen im Rückgrat. Ich sagte es nur so, daß sie nicht gekränkt waren. Aber sie brauchten das alle. Sie wurden hellwach, wichen mir stundenlang nicht von der Seite und versuchten, noch mehr über sich zu erfahren.

Sie strahlten allesamt kein bißchen Erotik aus, und es konnte natürlich nichts funken. Die Frauen wissen das ganz genau, und wenn Sie nicht aufpassen, dann ziehen sie Ihnen ihre Schuhe an. Dann liegt es also an Ihnen.

Die Emanzenbossinnen wollen uns verbieten, Frauen zu bewundern und nennen das schon frauenfeindlich, wenn wir vor Bewunderung pfeifen. Alles soll wieder mal nach den Befehlen der Edelemanzen funktionieren. Einmal an den Busen greifen, und sie werden Sie verpfeifen.

Die Frauen sind schön dumm, wenn sie auf ihre trockenen Geschlechtsgenossinnen hören, die uns als geile Böcke am liebsten steinigen würden.

Die Birne fällt gar nicht weit vom Stamm

Auch wenn jeden Tag in den Zeitungen steht, daß ein ausgewogenes und geregeltes Sexualleben uns rundherum gesund und schön macht, verläuft das Leben vieler Frauen trotzdem, wie wir gesehen haben, anders. Zu einem gesunden Sexualleben gehören eine gesunde Psyche und ein Märchenprinz.

Viele Frauen meistern so recht und schlecht ihr Leben allein, sobald sie aber mit einem Mann unter eine Decke kriechen, werden sie auf der Stelle ein kleines Mädchen, das versorgt werden will. Sie beginnen sofort zu fragen, was sie anziehen sollen, ob der Friseur nicht gut gearbeitet hat, was sie kochen sollen, wie frau denn nun eine Steuererklärung ausfüllt, was die Verkehrsschilder bedeuten und welches Sternbild man hat. Sie vergessen plötzlich, wo ihr Schlüssel liegt, wie man eine Motorhaube öffnet und daß frau Geld einstecken muß. Sie ziehen Kleidung an, die ihnen nicht steht, vergessen das Parfüm, fahren nicht mehr gern Auto.

Die Sache ist klar, solche Frauen werden wieder zu kleinen Mädchen, wollen unter die Fittiche des Mannes kriechen und keinen Funken Verantwortung mehr übernehmen. Ihre alten Freundinnen stellen mit Verwunderung all diese Veränderungen fest und raten ihr, sich ja nicht unterbuttern zu lassen. Das Mädel weiß mit diesem Rat überhaupt nichts anzufangen. Erst wenn sie wieder in ihrer so vielzitierten Freiheit gelandet ist, greift sie sich an den Kopf und fragt sich, was los war. Der Mann, der mit dem kleinen Mädchen nicht klarkam und schnell seine anfängliche Lust verlor, weiß auch nicht so recht, warum schon wieder alles in die Brüche ging.

Das Mädel beschimpft nun den Mann, denn sie hat irgendwo aufgeschnappt, daß Männer Machos sind und gern die Frauen unterdrücken.

Die Kleine war nur selbständig, weil sie es sein mußte. Wirklich selbständig, selbstbewußt war sie nie. Mama hatte das Kind unreif in die Welt geschickt. Oh, es hat sogar studiert und stand seine Frau im Berufsleben. Nur mit den Männern klappte es nicht so richtig. Logisch bei deren mieser Veranlagung und ihrer angeborenen Unfähigkeit zur Liebe.

Karin lebte acht Jahre in wilder Ehe, die letzten drei Jahre ohne Sexualität. Sie war sterbenskrank an allen Organen und Gliedern. Als ich ihren Partner kennenlernte, fiel mir sofort an ihm auf, daß er die Rolle eines verantwortungsvollen Papas unmöglich übernehmen konnte, weil er selbst ein großer Junge war. Die beiden hatten also nur gekuschelt und gaben das auch zu. Ich riet ihnen, ihre lange »Trennungsphase« endlich zu beenden. Er wollte mir erst an die Gurgel, lief dann allein hinaus in die Nacht.

Es ist schwer, sein Haus und eine Frau, deren Körper man eigentlich sehr mag, zu verlassen, und auf das gewohnte soziale Umfeld von einem Tag zum anderen zu verzichten. Es ist doch klar, wir lassen uns alle, egal ob Weibchen oder Männchen, gern ein wenig verwöhnen, versorgen, bevatern und bemuttern. Das bleibt bis ans Lebensende in uns drin, und das ist auch normal. Wir sind eben keine Einzelgänger.

Aber darum geht es hier gar nicht. Es geht um das Unreife, Infantile, nicht abgenabelte Wesen, das emotional unterernährt ins Leben gehen mußte.

Da tut man im Frauenlager wieder so, als wäre frau davon gar nicht betroffen.

Mamas Leben mit dem Mann hat nicht funktioniert. Es muß also eine Unfähigkeit in ihr sein, sonst hätte sie ja einen lieben Kerl erwischt. Mit der Zeit hat sie sich eingeredet, daß die Männer alle nichts taugen und diese Botschaft ans Töchterlein weitergegeben, oft allein schon durch die Tatsache, daß sie vor deren Augen niemals einen Mann wirklich geküßt, gestreichelt, umarmt oder herzlich begrüßt hat. Tochter hat dies als Botschaften aufgenommen. Die Botschaften der Asexualität sind für Töchter viel gefährlicher als für Söhne. Denn Papa macht keinen Hehl daraus, daß ihm Frauen gefallen. Brüderchen weiß die Eifersuchtsszenen der Mutter besser zu deuten und zu verarbeiten als Schwesterchen.

Dieses macht nun seine Glücksversuche, und hat dann vor allem überhaupt keine Chance, wenn sie nicht mal gelernt hat, sich selbst ein Essen zu kochen oder die Wäsche zu waschen. Rasch taucht die Mutter auf und will helfend eingreifen. Der Schwiegersohn erkennt das dumme Spiel nicht oder erst viel zu spät und ist natürlich an dem ganzen jungen Ehekrampf schuld. Die böse Schwiegermutter ist geboren. Sie quatscht in alles rein, in die Kinderstube, ins Ehebett, in den Urlaub, ins Berufsleben. Sie hat ja nur noch ihre Tochter. Niemals würde sie zugeben, daß sie tief in ihrem Herzen eine Genugtuung findet, wenn es in der Ehe der Tochter nicht klappt. Erstens findet sie eine Bestätigung ihres eigenen Lebens und Versagens, zweitens findet sie fürs Alter den Sozialpartner, der sie umsorgend bis in den Tod begleitet.

Man braucht sich auf der Straße nur umzusehen. Die Kinder sind groß oder gar nicht erst in die Welt gesetzt worden in diese von Männern gemachte, beherrschte und böse Welt. Fünfzigjährige Töchter laufen verbittert mit verbitterten Mamas durch die Einkaufszentren. Diese beiden weiblichen Kinder spricht man nicht mehr an, lacht man nicht mehr an. Man läßt sie ihre einsamen Bahnen ziehen. Sie sind sich übrigens sehr ähnlich, von hinten manchmal nicht zu unterscheiden.

Die Alte hat ihr Ziel erreicht – nicht einsam sterben, nicht mit sich selbst reden müssen in den schrecklichen eigenen vier Wänden.

Da fällt mir wieder eine Deutung des Märchens von »Hänsel und Gretel« ein. Die Alte lockt die beiden mit schönen Dingen an. Hänsel will sie zuerst fressen, also vertreiben, damit sie sich in Ruhe an Gretel gütlich tun kann, also sie ohne Bindung an den

Mann ganz für sich haben kann. Hänsel und Gretel haben nur eine Chance. Die Alte erkennen, sie natürlich nur symbolisch vernichten, also überwinden. Die Frau gehört zum Mann, nicht zur Mutter. Wenn diese wüßte, daß sie nie vergessen würde, wenn sie die Tochter zur rechten Frau erzöge, dann wäre ihr Leben schöner. Aber woher sollte sie es wissen? Sie ist ja schließlich auch die Tochter einer Mutter.

Das tiefe Mitgefühl, das eine gescheiterte Tochter eines Tages mit der Mutter hat, wollen wir nicht verurteilen. Hätte sie dem Mann ein tiefes, weibliches Gefühl entgegengebracht, wäre er der letzte gewesen, der einer alternden Schwiegermutter das menschliche Recht, in der Familie zu bleiben oder in sie aufgenommen zu werden, verwehrt hätte.

Aber ich rede hier von Dingen, die in Deutschland zur Zeit nur die Männer verstehen. Hexen verstehen sie jedenfalls nicht, die fragen eher, ob mein Fingerchen schon dick genug ist.

Das verklemmte Sexualverhalten des weiblichen Geschlechtes

Über dieses Thema kann man nicht mit Frauen reden, die unter einem gestörten Verhältnis zum männlichen Geschlecht leiden. Und das sind, wie gesagt, etwa zwei Drittel. Die Hälfte davon ist unrettbar verloren. Wir sollten uns keinen Illusionen hingeben, viele von uns müssen deswegen unbeweibt bleiben oder ihre Fühler nach östlichen und fernöstlichen Ländern ausstrecken. Lebenswichtig ist es für uns, die Unfähigen zu erkennen und ihnen aus dem Weg zu gehen. Dafür gibt es ein paar einfache Regeln, und ich hätte mir viel Verdruß sparen können, wenn ich davon eher erfahren hätte. Aber mein Vater und alle Männer seiner Zeit redeten nur in verklemmten Witzen, die wir nicht richtig zu deuten wußten. Daß was faul war mit Frauen, das hörten wir schon raus, aber wir konnten mit den teilweise ungerechten Zoten nichts anfangen. Sie geistern noch heute in vielen jungen Köpfen. Das hört schlagartig auf, wenn wir uns die Regeln anschauen und die Frau vollständig ausziehen und nach ihrem Verhalten beurteilen.

Jetzt sehen wir uns erst mal den gegenwärtigen Zustand an. Ich finde, Grundlegendes hat sich seit Jahrhunderten gar nicht verändert. Wir verstecken die Liebe. Vielleicht wäre das anders, wenn wir uns schalldichte Wohnungen und Schlafzimmer gebaut hätten. Dann hätten wir es gelernt, uns zu öffnen, zu befreien, uns auszutoben und könnten jetzt die Zimmertüren angelehnt und die Fenster offen lassen.

Welche Frau wagt es, Wonnelaute von sich zu geben, wenn es

die Kinder oder Nachbarn hören können? Das wagen nur wenige junge, offene Frauen. Die Kinder hören und sehen nichts von der Sexualität ihrer Eltern. Wir klären sie heute zwar auf in den Schulen, aber das bringt nichts. Worte bleiben Worte, sie sind kein Leben.

Wo bringt man es fertig, den Kindern zu sagen: »Stört uns jetzt nicht, wir wollen uns lieben.« Die Liebe wird immer noch als etwas Ominöses behandelt und nicht als die selbstverständlichste Sache der Welt.

Kinder stolpern immer noch wie die Blinden ins Leben und genau wie wir in das Elend der Partnerbeziehungen.

Wir sind eben die edlen Menschen. Sexualität ist in den Hirnen vieler Frauen nichts Edles. Sie haben es gelernt, sie zu verwenden, aber nicht, sie zu leben.

Mir sträuben sich auch die Haare, wenn ich daran denke, daß Papa plötzlich während des Abendessens auf die Mama springt. So geht's natürlich nicht.

Die Liebe könnte immer ein Fest sein, aber frau hat ein dürftiges Mahl daraus gemacht, spätestens nach ihrem ersten Kind. Und sie hat nie Rücksicht darauf genommen, daß ein Mann ein Mann ist und keine Frau. Sie ist der Mittelpunkt der Welt, alles tanzt nach ihrer Möse.

»Ficken ist gesund, macht die Möhre dick und rund«, quasselten wir als kleine Jungs auf der Straße. Wo hatten wir das her? Das Wort »ficken« stand an allen Toilettenwänden. Daran hat sich nichts geändert. Unser Intimleben ist nicht salonfähig. Jeder Witz muß sorgfältig geprüft werden, ob er den Ohren der anwesenden Frauen auch nicht weh tun wird. Trotz sexueller Revolution passen Sex und Frau ungefähr so zusammen, wie Honig und Fisch. Das erklärt sich ganz einfach. Es hat überhaupt keine sexuelle Revolution gegeben.

Während unsere Religionslehrerin erzählte, was wir nicht verstanden, ließen wir weiße Mäuse in den heiligen Räumen los. Die ältere Dame hatte Angst vor unseren rosaschnäuzigen Lieblingen, und das war für uns lustig und rätselhaft. Wir konnten nicht ahnen, daß sie unter der Angst vor dem Männlichen litt und vielleicht von Jesus so gern erzählte, weil sie vor ihm keine Angst zu haben brauchte. Instinktiv ließen wir wahrscheinlich unseren Kleinen auf die Dame los und amüsierten uns köstlich, ohne zu wissen, daß uns im späteren Leben die verklemmte Frau als Rachegöttin begegnen und uns für die Schandtat bezahlen lassen würde. Die Lehrerin hatte eine Tochter.

Auch reifere, ältere Frauen können schwer das ihnen von der Mama eingeprägte Jungmädchenverhalten ablegen. Der Mann muß, wenn er nicht erfahren genug ist, daran irre werden. Geht er selbstbewußt und direkt auf das Ziel los, reagiert das Weib erst mal positiv. Dann blockt frau plötzlich ab und fährt allein oder mit der Freundin nach Hause. Man sitzt da mit Schuldgefühlen. Sie hat sich berühren lassen beim Tanzen, ihren Körper, ihre Wangen, ihre Ohrläppchen nicht abgewendet, aber sie geht allein und nimmt auch keine Einladung an.

Sie ist verklemmt, sie wollte sich bloß wieder mal ein bißchen als Frau fühlen, weiter nichts. Sie ist feig und unfähig zur Intimität. Sie tanzt viel lieber mit unerfahrenen Männern. Sie hat einem zwar eine verpaßt, aber der Männlichkeit kann sie nicht schaden. Sie hat nichts gegeben, nur genommen. Sie ist keine Frau.

In einer Frauenzeitschrift, in der die Männerhasserin den Sexualakt beschrieb, wie ihn sich die Frau nicht besser wünschen kann, machte der Mann in den Augen der Emanze alles falsch. Muß er ja auch. In dem Artikel ging es ja nicht darum, dem Mann eins auszuwischen, sondern die Geschlechtsgenossin zu verwirren und auf den eigenen Holzweg zu locken. Ein einziger Satz verriet die vernagelte Emanze. Sie behauptete doch frech und dreist, ein Mann könne abspritzen und dabei seinen Orgasmus zurückhalten. Was für ein Blödsinn. Er hätte nur ein Ziel im Auge, zu triumphieren in all seiner männlichen Macht über das arme Weib. Und das, liebe Männer, kam ja bei diesem Akt voll auf ihre Kosten. Das Ziel dieser Verklemmten ist auch klar. Sie will den Keil zwischen den Geschlechtern tiefer schlagen und diffamiert uns einfach.

Jährlich wird in Deutschland 200000 Frauen die Gebärmutter

entfernt. Londoner Ärzte fanden heraus, daß bei Seemannsfrauen eine vierfach höhere Gebärmutterkrebsrate festgestellt wurde. Stand alles in den Zeitungen. Ich habe es nur zusammengefügt. Kein Kommentar!

Wenn frau verklemmt ist und überhaupt keinen Bock auf Mann hat, kann es keinen erfüllenden Liebesakt geben. Sie läßt ihn so lange zappeln und winseln, schenken und spinnen, bis sie spürt, jetzt kriegt er gleich seinen Samenkoller. Dann macht er schnelle Kunst, um die Energien zu zerstreuen und die Bedürfnisse zu vergessen bis zu jenem Abend, an dem er das Frauchen endlich bei einer Flasche Wein überreden kann. Dann redet und redet er, und endlich darf er seine fünf bis zehn Stößchen tun. Die Welt ist nun wieder drei Tage in Ordnung, bis sie sich am vierten erneut verbiegt. So kann das weitergehen bis zum Infarkt. Bis dahin verspürt er das dringende Gebot der Stunde als seine oberste Pflicht, die krumme Welt geradezubiegen. Man redet und redet und redet und rennt auf alle möglichen Versammlungen und Kundgebungen, um den Zeiger, der kurz vor zwölf steht, zurückzudrehen.

Frauen, die zur Intimität unfähig sind, machen aus Männern die berüchtigten Rammler und schnellen Küsser. Sie dulden es nicht, daß man ihnen erst mal in den Achselhöhlen und in den Kniekehlen rumschnüffelt, gleich gar nicht am Zentrum. Sie fühlen nämlich gar nichts, deswegen stöhnen sie auch keinen Ton, führen keine Hände behutsam fordernd dahin, wo es gut tut. Sie wollen es schnell und kein zweites Mal nach einer Pause. Der Mann auch nicht. Die Anlaufkurve ist bei ihr so unendlich lang.

Es gibt Frauen, die lehnen die gemeinsame Flasche Wein ganz und gar ab. Das ist ihnen schon zu intim und zu gefährlich. Sie wollen sich ja nicht fallenlassen und was vergeben von der kostbaren Macht. Sie bringen den Liebsten eher dahin, daß er sie aufs Bett befiehlt oder knallt. Danach hat er noch größere Schuldgefühle. Sie macht mit. Er verhilft ihr zu einer notdürftigen Aufnahmefähigkeit und ruckzuck ist alles vorbei. Ließe sie das wenigstens öfter zu, käme sie vielleicht auf ihre Kosten. Aber das kann sie nicht. Erstens will sie keinen Machtverlust, zweitens macht das ihre Vagina nicht mit. Sie würde sich bei dieser verklemmten Art entzünden und einfach streiken. Und die schnelle Anlaufkurve hat sie nicht gelernt, würde sie auch nicht zulassen und blockieren.

Dann gibt es welche, die seifen den Guten erst richtig mit Alkohol ein oder ermuntern ihn dazu, in die Kneipe zu gehen. Sie weiß, daß er geil und betrunken zurückkommt. Vor lauter Aktivität merkt er dann gar nicht, daß er nicht gestreichelt und geküßt wird und sie es sich dabei ganz bequem macht. Er fällt selig in seine Kissen und schläft sofort den Schlaf des Gerechten. Er wird ein Alkoholiker, wenn er das Spiel ein paar Jährchen mitmacht. Und dann will und kann er sowieso nicht. Sie weiß es schon lange: Wenn er total blau ins Bett kriecht, kann er nicht.

Es gibt auch Frauen, die wollen gestreichelt und geküßt werden, streicheln und küssen zurück. Sie wollen instinktiv den Hormonen Zeit lassen, die Körper zu durchfließen und zu stärken. Sie lieben als reife Frauen bewußt bis zu dem Punkt, an dem sie sich ins Unbewußte treiben lassen können.

Das sind die, die wir suchen. Möglich, daß diese Frau unser verlorengegangenes Balzverhalten am besten ersetzt. Sie tanzt gern, erlebt gern was Schönes, ißt freudig, denkt gescheit, liebt gern. Warum sollten wir da noch von Blume zu Blume fliegen wollen?

Wir Männer müssen auch mal ein bestimmtes Balzverhalten besessen haben, als wir noch auf den Bäumen hausten. Warum werden wir so verrückt, wenn wir einen knackigen Arsch oder gar eine Vagina von hinten sehen? Wir können nicht von den Frauen verlangen, daß sie wieder auf allen vieren laufen. Höchstens mal im Bett. Aber erbitten Sie das mal von einer Verklemmten.

»Macht's mal wie die Hunde«, rät ein Arzt einem gestörten Pärchen. Später fragt er den Mann nach dem Erfolg. »Toll«, sagt der Mann, »aber Sie glauben nicht, was ich für Überredungskünste benötige, meine Frau jedesmal auf die Straße zu kriegen.«

Alles lacht in der Männerrunde.

An Männerwitzen sieht man deutlich das Dilemma der verklemmten Frau.

Sex ist also schlimm für die Frau. Angeblich kann sie ja immer, nur der Mann könnte nicht mithalten. Die nimmersatte Frau, die ihren Mann schafft? Ein Märchen oder eine Nymphomanin, also eine Frau mit krankhaft gesteigertem Geschlechtstrieb, den sie als Droge benutzt. Es gibt keine nimmersatte Frau. Und wenn es sie gäbe, müßte sie wenigstens so schlau sein, und dem Mann Zeit geben, sich wieder zu erholen oder ihm dabei zu helfen. Eine zärtliche Frau weiß ganz genau, was sie da tun muß und daß das seine Grenzen hat. Eine Nymphomanin ist eine beknackte Egoistin, ein ichsüchtiger, weiblicher Vampir, eine Ausnahme.

Und dann gibt es noch Frauen, die die Männer hassen, aber ab und zu doch mal ganz gern mit einem schlafen wollen. Weiß der Kuckuck, warum. Das geht dann so lang, wie im Kapitel über den Traum der Emanzen von der Anmache. Zum Totlachen.

Männer haben keine Krise in der Lebensmitte

Als Symptome, die die angebliche Lebenskrise des Mannes deutlich machen, wurden bestimmte Verhaltensweisen bezeichnet, die er zwischen vierzig und fünfzig Jahren zum Erschrecken seiner lieben Mitwelt plötzlich aus dem Sack läßt. Er sucht sich ein junges Frauchen als Geliebte, Herzattacken und allerlei seltsame Beschwerden stellen sich ein, er kann Streß schlechter ertragen als früher, er macht sich Gedanken über seinen bisherigen Lebensweg und seine Fehler, wird unruhig wegen falscher Ideale und Ziele, beginnt, in Richtung Friedhof zu schielen, schleicht mürrisch durchs Haus und ist mit sich selbst überhaupt nicht mehr zufrieden. Nicht selten hört man, daß auch der Mann seine Wechseljahre hat, die sexuelle Lust verliert und nur noch blaue Luft produzieren kann. Er sehnt sich nach einer zweiten Jugend, möchte vieles noch einmal von vorn beginnen. Der Frau wird angeraten, dem Mann in dieser schweren, unumgänglichen Krise einfühlsam zur Seite zu stehen und ihm die nötige Hilfe zu geben.

Die Symptome sind vorhanden, das wollen wir gar nicht leugnen. Aber worin liegt deren Ursache? Liegt sie im Psychischen oder im Physischen, im Geist oder im Körper? Sie liegt nirgendwo in ihm.

Die Frau hat die Midlife-crisis und zieht den Mann einfach mit hinein, sie lädt ihm alle ihre Probleme auf den geduldigen, ahnungslosen Buckel. Eigentlich hat die Frau als biologisches Lebewesen auch keine Krise, sie hat ihre Wechseljahre, weiter gar nichts. Sie werden einfach zur Ehekrise eines Paares, vor allem dann, wenn die Frau sich in ihrem Leben nicht sexuell geöffnet und entfaltet hat. Für sie werden die Wechseljahre zu Schreckensjahren mit Angst und vielen körperlichen Störungen. Ihre sexuelle Lust, die sie zeit ihres bisherigen Lebens gebremst und für was ganz anderes verwendet hat, erlahmt nach den Wechseljahren. Sie zahlt jetzt für die vermeintlichen Vorteile oder die nie zugegebene Verklemmung einen hohen Preis. Und wie sie es gewöhnt ist und auch immer getan hat, bittet sie den Mann, die Rechnung zu bezahlen und ihre Krise als seine anzusehen. Denn eines kann ihr unmöglich entgehen, mit dem Dahinschwinden ihrer sexuellen Lust ist die eheliche Gemeinschaft nur noch eine Wirtschaftsgemeinschaft, im besten Falle eine Freundschaft. Aber die Frau weiß ganz genau, daß der Mann bis an sein Lebensende ein sexuelles Wesen bleibt. Sie hätte bessere Karten, wenn es ihr gelänge, seinen Trieb einzuschläfern. Aber das ist in der Regel ein aussichtsloses Unterfangen. Wenn er das zuläßt, ist sein Männerleben beendet. Er steckt auf alle Fälle, weil sein Weib in der Krise ist, mit in ihrer Krise. Sein Leben als Mann läßt sich aber fortsetzen, wenn er sich ein junges Weibchen sucht. Erst mal ganz heimlich. Er sucht damit nicht seine zweite Jugend, er sucht ganz einfach das Leben, die Möglichkeit des Weiterlebens. Die ewigen Playboys und Junggesellen, die sexuell aktiv sind, können mit Sicherheit bestätigen, daß eine Krise in der Lebensmitte für sie etwas völlig Unbekanntes ist. Wieso sollten sie eine Krise haben? Und wenn sie eine haben, dann ist die ganz anderer Art und führt sie vielleicht zu einer festen Bindung. Aber sie werden sich niemals lange und fest mit einer gleichaltrigen verklemmten Frau verbinden. Ausnahmen bestätigen auch hier nur die Regel. Eine Frau, die stets ein gesundes, aktives Sexualleben führte, hat keine Midlife-crisis, sie bleibt sexuell aktiv bis ins hohe Alter und nimmt notfalls, wenn sich ihr Trieb schwächt, Östrogen. Sie weiß, wie schön und wichtig die Liebe für eine Frau ist und will genauso wenig darauf verzichten wie der Mann.

Die Krise der wechseljährigen Frau, die sich nie im Leben entfaltet hat, erfährt nur den Höhepunkt ihres Fehlverhaltens. Ohne Mann wäre sie jetzt besser dran. Dieser steht wie an einem Abgrund. Es gibt Frauen, die fühlen noch so viel Mitleid mit dem Gequälten, daß sie ihm selbst den Vorschlag machen, sich anderweitig zu kümmern. Oder ihre Krise verhilft ihr noch zu einer späten Öffnung, zum Überbordwerfen ihrer falschen Verhaltensweisen und Mutterprägungen. Ihre Ehe ist in der Regel nicht mehr zu retten, der Mann glaubt nicht an solche Wunder und ist bereits gegangen. Diese Frau beginnt dann mit einem reifen Mann ihr eigentliches Sexualleben, ihre zweite Jugend. Wenn sie den Mann noch findet.

Warum schieben uns die Frauen all ihre Probleme in die Schuhe, warum haben wir uns die Theorie von unserer Krise in der Lebensmitte andrehen lassen, warum sind so viele Männer gedankenlos? Warum sind sie zu Millionen auf den Schlachtfeldern krepiert, warum fordern sie die Frauen nicht energischer heraus? Es geht doch für beide Geschlechter schließlich um die Wurst. Wer will denn hier gewinnen und was bitteschön?

Mir ist bei der Arbeit an diesem Buch immer klarer geworden, daß Abhängigkeiten der Wahrheit im Wege stehen. Klar sieht man erst, wenn man frei ist. Ich finde die Dummheiten, die ich früher zum Teil selbst gedacht und ausgesprochen habe, in vielen Büchern wieder. Das Recht, jemandem einen Vorwurf zu machen, besitze ich nicht, das ist klar. Aber ich kann heute, wenn ich den Kaiser nackt sehe, nicht schöne Kleider an ihm bewundern. Ich kann nur jedem raten, die Augen zu öffnen, sich zu öffnen. Es lohnt sich in jedem Falle zu erkennen, daß wir eben keine Midlifecrisis haben. Das Wort deutet schon darauf hin, daß uns solche Denkfehler die Amerikaner rüberschwemmen. Aber inzwischen sind die ein ganzes Stück weiter, ihre Sachbücher sind schon lange offener, mutiger und gerechter geworden.

Wie ich einen Frauentag miterlebte

Ich ging eigentlich nur hin, weil mich die Ausstellung »Sexuelle Belästigung am Arbeitsplatz« interessierte. Der Saal war fast voll. Die Frauengruppe hatte gerade ein Lied gesungen. Eine ältere Dame von der Gewerkschaft begann ihre Festtagsrede. Die Dorffrauen hörten nicht zu, tranken Kaffee und sahen nach den Kleinen, die zwischen den Tischreihen herumflitzten.

Die Rednerin forderte mit leidenschaftsloser, monotoner Stimme die Beendigung von Krieg, Gewalt, Unterdrückung und sexueller Belästigung. Sie forderte weiter die gleichen Berufs- und Arbeitschancen, die Abtreibung, gleiches Geld für gleiche Leistung. Sie behauptete, Frauen verdienten ein Drittel weniger für gleiche Leistung. Ich arbeite nun schon fünfunddreißig Jahre, war in vielen Betrieben, aber ich hatte nichts entdecken können von dieser männlichen Frechheit. Hätte sie wenigstens ein Beispiel genannt und erzählt, wo die Gewerkschaften so träumen und diesen Beschiß zulassen. Die Rednerin wußte außerdem nicht, daß in den Firmen niemand über sein verdientes Geld spricht. Alle erhalten ihren Lohnschein nur als Geheimdokument, verklebt und versiegelt. Niemand sagt dem anderen, was er verdient. Wenn die Gewerkschaft also weiß, daß ein Mann bei gleicher Leistung mehr verdient als die Frau neben ihm, dann kann ich ihr nur sagen, daß es jämmerlich ist, wenn sie nichts dagegen tut.

Von den Feministinnen ist mir bekannt, daß sie kommunistische Ziele verfolgen. Sie wollen dem Ingenieur genausoviel geben wie der Hilfsarbeiterin und der Sekretärin das Gehalt eines Managers zuspielen. Wir sind ja alle gleich, vor allem schon deshalb, weil frau nicht die gleichen Chancen hatte wie der Mann. Sie mußte ja erst das Kind großziehen. Da konnte sie keine Topmanagerin werden. Aber sein Gehalt steht ihr zu, wenn sie in das Berufsleben zurückkehrt. Ein bißchen was ist schon dran an ihren überspitzten Forderungen.

Ich kenne jedenfalls keine Frau, die Lust hätte, unsere Maschinen am Wochenende zu reparieren und in dieser Schmiere rumzukriechen. Wieso will sie als Maschinenarbeiterin so viel verdienen wie er?

Und dann fing doch die Rednerin wahrhaftig an, Emanzenmief zu verbreiten. Bei den Frauen im Saal ging es hier rein und drüben wieder raus. Männer, sagte sie, sind die Gewalt, alle Waffen phallusartige Gebilde. Schade, daß ich nicht zaubern kann. Sonst hätte sie sagen müssen, Waffen sind alles mausförmige Gebilde, wollen immer in uns reinkriechen und uns da drin bekämpfen, die Ferkel. Wir wollen keinen Mann, wir wollen Mäuse, äh Knete von ihnen.

Wir Männer sollten aus taktischen Gründen unseren Gegnern brustähnliche Gebilde in die Fresse hauen oder kleine Pfläumchen. Möchte mal wissen, was sie dann sagen würden, die frommen Helenen.

Am Ende gab sich die stille Kämpferin versöhnlich. Männer seien auch nur Menschen. Ich hätte heulen können.

Und nun war Pause. Die ziemlich reifen Mädchen der Frauengruppe aus der Kreisstadt hatten inzwischen was zur Frauenbelustigung aufgebaut. Männer aus Pappe. Für eine Mark konnte frau versuchen, dem Scheusal die Rübe abzuschießen, mit einem weichen, selbstgenähten Stoffball.

Ich ging zur Bühne vor. Da verkauften die Frauenrechtlerinnen das weibliche Symbol mit der Faust drin und das Doppelzeichen für lesbische Gemüter.

Ich betrachtete die Ausstellung »Sexuelle Belästigung am Arbeitsplatz«. Ich fragte eine Frau aus der Gruppe: »Ist das wirklich so schlimm? In unserer Gegend, wo jeder jeden kennt, da kann ich mir das eigentlich nicht vorstellen.« Sie sah mich wichtig an: »Gerade in unserer Gegend ist es besonders schlimm.«

Frauen, denen es nicht gegeben ist, den Mann lieben zu können, werden alle schizophren. Die Ausstellung, die von den Dorffrauen überhaupt nicht beachtet wurde, war ein Beweis dafür.

Sie bestand aus vergrößerten Zeitungsartikeln, ein paar hilflosen Zeichnungen und Collagen, alles doppelt und dreifach, damit die Gewalt gewaltiger wirken konnte. Ich kann mich über jede Ungerechtigkeit empören, aber ich konnte mir beim Anblick dieser kommunistischen Agitation ein Lächeln nicht verkneifen.

Das Machwerk hatten ausschließlich Frauen produziert, die garantiert kein Mann sexuell belästigen würde, und mir kam der Gedanke, daß sich diese älteren Frauenschaften mit diesem Thema nur deswegen so sehr beschäftigen. Sie bauschen es auf, wühlen genüßlich darin rum wie Männer in Pornoheften.

Am nächsten Tag unterhielt ich mich mit jüngeren, verheirateten Frauen über das Thema. Sie waren hübsch und gut gebaut, chic angezogen und im Büro tätig. »Sind Sie schon mal sexuell belästigt worden am Arbeitsplatz?« wollte ich wissen.

Sie lachten. »Da gehören immer zwei dazu, wenn ich mich nicht irre. Außerdem können wir uns ja revanchieren und den Männern mal zwischen die Beine greifen.« Und Hubertus erinnerte daran, daß eine Frau mit hochgezogenem Rock viel schneller laufen könne als ein Mann mit heruntergelassenen Hosen.

Wir wollen es nicht bestreiten, hier und da wird in unserem Lande ab und zu und immer wieder mal ein verklemmter, zu kurz gehaltener Mann ungeschickt oder brutal nach was Weiblichem greifen, vor allem nach dem, das kein Selbstbewußtsein hat und eine gestörte Beziehung zur Sexualität. Eine selbstbewußte Frau faßt keiner an, und wenn er es tut, dann nur einmal. Er bekommt eine Mächtige gedonnert.

Die ängstlichen Mädchen, deren Persönlichkeit schon bei einem Männerpfiff hinter ihrem Rücken zusammenzubrechen droht, sind doch wirklich schon dabei, jemanden, der bei ihrem Anblick einen Pfiff ausstößt, wegen sexueller Belästigung anzuklagen. Ich als Richter würde lachen und der Ärmsten raten: »Pfeifen Sie doch zurück.« Es soll in Deutschland Richter geben, die nehmen solche

Klagen ernsthaft an. Ein paar Verklemmte wollen den Geschlechtsgenossinnen jede kleine Freude nehmen. Ihnen ist entgangen, daß es Frauen in den meisten Fällen gernhaben, wenn man sie beachtet. Klar, wenn man eine Lesbe anpfeift oder gar anspricht, fällt der vor Schreck das Herz in die Hosentasche. Aber da können wir doch nichts dafür. Erst, wenn alle Frauen lesbisch sind, hören wir mit dem Pfeifen auf.

Mir persönlich ist kein einziger Fall von sexueller Belästigung am Arbeitsplatz bekannt, nur von zweiseitiger sexueller Bestätigung. Und in den oberen Etagen, wo man die größten Schweinereien anprangern will, geht's eigentlich anders lang, als uns die Zeitungsartikel der letzten fünf Jahre weismachen wollen.

Die Manager arbeiten wie die Tiere. Privatleben gibt es wenig. Frau und Kinder leben gut mit dem Geld, das der Goldesel ranschleppt. Er lebt im Dauerstreß, und das läßt dem Sexualtrieb wenig Chancen. Wenn die Herren jedoch ihre Erfolge oder sonstwas mit Sekt oder härteren Sachen begießen, fällt der Streß von ihnen ab. Plötzlich erkennen sie ihre Sekretärinnen und Mitarbeiterinnen als weibliche Wesen. Ihr kleiner Junge bekommt freudigen Auftrieb und schubst den großen Jungen vor, damit der endlich mal was wagt.

Ich habe solche Szenen erlebt und weiß auch, wie die Frauen diese Situationen meistern. Die, die ihre Position festigen will, setzt sich dem Boß einfach auf den Schoß und prostet ihm zu. Manche angetrunkene Kollegin läßt den Streß auch fallen, entdeckt plötzlich den Mann und will belästigt werden. Die prüden und trockenen Mädchen ziehen sich im rechten Augenblick aus der Atmosphäre. Normalerweise greift die sowieso keiner an. Die Emanzen verspritzen so viel Gift, daß der kleine Junge sofort wieder umfällt.

Ja, es gibt auch Opfer der lebenden Roboter im Management. Das sind die Frauen ohne einen Funken Selbstbewußtsein. Sie wissen sich nicht zu wehren und bringen mit ihrer Verklemmung den Mann nur zu diesem verklemmten Grabschen, das auf die Opfer sogar krebserregend wirken soll. Die Muttergeschädigten ziehen sauertöpfische Gesichter, ekeln sich, sagen nicht ja und sagen nicht nein, gehen nicht und kommen nicht, sie sagen gar nichts. Am nächsten Tag rennen sie in die Frauengruppe, beschweren sich, daß sie keine Chance haben, in der Männerwelt eine Topmanagerin zu werden und prangern alle Männer der Welt als böse Busengrabscher an. Das Feindbild ist wieder aufpoliert, die eigene Schwäche damit zugekleistert, das Lebensgefühl in der Frauengruppe wieder gestärkt. Abends, allein im Bett, träumen diese ewigen Anklägerinnen ihre perversen Träume, in denen sie als Domina oder Sklavin einem Softie abverlangen, was sie gerne möchten.

Die verunsicherten Frauen und ihre feministischen Wortführerinnen sollten sich mal in einem Sexshop umschauen, wenn sie glauben, daß das gelogen ist. Aber bevor diese in solche Gruselkabinette reingehen und mal nachschauen, was Sache ist, geht eher ein Tierschützer auf Elfenbeinjagd.

Die Lage der Frau

In ihrer traditionellen Ausbeuter- und Herrscherrolle befangen, ist die Frau in der heutigen Zeit am Ende und damit am Scheideweg. Wird sie die offene Partnerin des Mannes? Kann sie ihre Gefühle befreien und zulassen? Oder will sie krank und einsam, verbittert und vertrocknet zusehen, wie sich der deutsche Mann in der ganzen Welt, aber immer weniger in Deutschland nach einem Weib umsieht?

Die deutsche Frau fühlt nicht mit dem Mann, sie bekämpft ihn. Ich habe mir von vielen Männern erzählen lassen, wie ihre Scheidungen abgelaufen sind. Es ist unfaßlich, mit welch kalter Gier die Frau dem Mann die Hosen auszieht. Unter Hosen ausziehen versteht die Asiatin mit Sicherheit das, was die Worte sagen. Bei uns bedeuten sie – jeder weiß es –, dem Mann das Rückgrat brechen, ihm Männlichkeit, Persönlichkeit zerstören und ihm das Vermögen klauen. Der deutschen Frau geht es nur noch ums Geld, man braucht sich nur ihre Hände anzusehen, ihre Schmuckkästchen und ihre Konten. Indem sie die Partnerschaft aufkündigt, bleiben ihr nur noch zwei Chancen, entweder den Mann auszunehmen oder arbeiten zu gehen. Frauen von besser verdienenden Männern gehen fast alle nicht arbeiten. Die anderen müssen. Und die jammern dann natürlich rum, daß die Männer in der Regel die besser bezahlten Jobs haben. Sie beneiden und beschimpfen sie deswegen global und indirekt. Im konkreten Fall würden alle lachen, wenn sich die geschiedene Telefonistin in der Mittagspause darüber beschweren würde, daß das Patriarchat sie daran hindert, in die Direktionsebene aufzusteigen. Solchen Unsinn kann frau nur in

Frauenzeitschriften äußern. Frauen, die wirklich das Zeug zu einer Topmanagerin haben, schaffen es auch, in der Wirtschaft oder im Staatsdienst Karriere zu machen. Was die Emanzen nicht zugeben wollen, ist die Tatsache, daß sie selbst und fast alle geschiedenen Frauen Probleme haben. Sie sind nicht nur unfähig im Bett. Eine Frau ohne Selbstvertrauen kann kein Auto reparieren, keine Abteilung führen, keine Maschinen zusammenbauen und auch nicht konstruieren. Sie motzt in den Medien, aber wenn es zur Sache geht, kneift sie. Auch in der Industrie schiebt sie ihren Mangel an Talent und Selbstvertrauen dem Mann in die Schuhe. Es kotzt sie einfach an, daß der Mann da ist. Sie empfindet ihn als Konkurrenten, aber er ist nicht ihr Konkurrent. Männer konkurrieren überhaupt nicht mit Frauen, sie haben einfach bessere Chancen, weil sie eine Eigenschaft besitzen, die eine Frau niemals hat. Und wenn sie sie hat, dann ist sie keine Frau mehr. Ich habe Frauen in der Rolle des Leithammels erlebt, zum Glück war ich nie in einer solchen Herde. Diese Frauen geben niemals zu, daß sie in dieser Rolle leiden. Sie müssen, um sich zu behaupten, Führungsverhalten erlernen und können es nur krampfhaft praktizieren. Frauen besitzen keine natürliche Autorität, was sie glauben zu besitzen, ist Herrschsucht.

Wir Männer machen uns überhaupt keine Gedanken darüber, die Frau könne uns im Berufsleben ernsthaft so gefährlich werden wie in der Ehe. Kann sie nicht und wird sie nicht.

Ein Meister kann lächeln, er muß seine Rolle nicht spielen. Eine Meisterin ist immer eine mürrische Dame. Allein die Angst, die sie beherrscht, es könne einer merken, wie sie sich ihr Führungsverhalten zusammenquälen muß, macht sie mit der Zeit mürrisch.

Die Chefinnen in der Emanzenecke haben gut reden, sie leben von bedrucktem Papier und dulden in ihrer Nähe keine Männer, sondern nur Sektenmitgliederinnen. Sie sehen die Wirklichkeit durch eine besondere Brille. Sie können damit das Männliche nicht sehen. Sie sitzen auf der zusammengelogenen Kohle und ermuntern ihre Geschlechtsgenossinnen, Selfmadeladies zu werden. Stolz werden fünf Frauen, die sich ihre Häuser selbst gebaut haben, vor die Fernsehkamera geholt. Klar, Millionen Männer kann man nicht vorführen, fünf Frauen, das geht schon eher.

Wann soll denn das Zeitalter anbrechen, in dem man fünf Männer vorführt, die Häuser gebaut haben? Erst muß frau Geist und Muskeln trainieren, würde ich sagen, wir nehmen am besten Muskelschwundpräparate und cremen uns ein, damit die Haut schön zart wird. Denn wenn die Frau von der schweren Arbeit heimkommt, soll sie sich an uns Schnuckelchen freuen können.

Sagt doch neulich ernsthaft eine Kollegin, sie findet es ungerecht, daß wir Männer keine Kinder stillen, keinen Geburtsschmerz haben, sondern immer nur unser Vergnügen. Was hat man in Deutschland bloß aus den Frauen gemacht? Wie soll man da noch zusammenfinden können? Da ist eine Saat aufgegangen von den Trockenen, die wird noch eine Weile wuchern.

Ich kann Männern nur raten, nicht mitfühlend zu sein, sondern die Frauen wieder zurechtzuschütteln. Sie wollen ihre Pflicht nicht mehr erfüllen. Eine Frau, die sagt, sie möchte lieber ein Mann sein, ist keine Frau. Machen Sie gleich einen großen Bogen um dieses schizophrene Wesen, um diesen emotionalen Zwitter.

Die Frauen, die die Sexualität als 83. Rad am Wagen laufen lassen, sind im Grunde genommen alle hereingefallen auf die falschen Botschaften von Mutter und Kirche. Ihre Karre ist schief und in den Dreck gefahren. Die sexuelle Revolution wollte das verhindern, aber sie war reiner Männerwunsch. Ich habe in Amsterdam Japaner beobachtet. Sie überredeten ihre Frauen, und diese sahen sich dann einen Geschlechtsakt auf der Bühne an. Interessant war, daß die Japaner nicht wie gebannt auf die Bühne sahen, sondern ihre Frauen von der Seite betrachteten. Mir war schnell klar, daß die fleißigen Japaner unter den gleichen Problemen leiden.

Es ist klar, man kann heute nicht von einer Frau verlangen, ihr ganzes Leben in einer Wohnung zu verbringen. Am allerwenigsten kann man es von der verlangen, die ihre Probleme dem Mann in die Schuhe schieben will. Ganz egal, was es nun für eine ist, sie muß eine Chance haben, sich ins öffentliche Leben einfinden zu können. Gerade die Frauen brauchen soziale Kontakte. Wenn die Kinder größer sind, kann sie nicht den ganzen Tag allein in der Bude hocken. Soll sie verkümmern in den von deutschen Schildbürgern gebauten, fensterlosen, viel zu kleinen Küchen? Eine Dreizimmerwohnung ist nach meiner Ansicht schlechter als eine Wellblechbude. Diese erlaubt nämlich mehr soziale Kontakte als unsere sterile, fein möblierte Wohnzelle.

Die Frau muß jederzeit in der Gesellschaft einen Platz finden können, wenn sie ihre Mutterpflichten erfüllt hat. Erfüllen muß sie sie. Erstens will kein Volk aussterben, zweitens sind Kinder der eigentliche Reichtum eines Menschen, auch wenn das oft vergessen wird.

Mir haben schon viele Frauen gesagt, daß sie nicht wegen des Geldes arbeiten wollen, sondern nur deshalb, weil ihnen daheim die Decke auf den Kopf fällt. Ich glaube es ihnen. Nicht einmal ein schönes Einfamilienhaus kann sie retten, denn in diesem ist sie ja wohl auch allein. Es nützt alles nicht, die Frau will neben uns leben, sie ist nicht unsere Konkurrentin, sondern ein Mensch neben uns.

Das Schlagwort vom »Goldenen Käfig« kommt nicht von ungefähr. Wir haben zwar nicht in der Absicht gebaut, die Frau in einen Käfig zu sperren, aber was wir gebaut haben, ist für die Frau zum Käfig geworden. Wenn eine Bauersfrau früher ihrem Mann gesagt hätte: »Dein Bauernhof ist für mich wie ein Käfig«, dann hätte man ihr wahrscheinlich Bettruhe in verdunkelten Zimmer verordnet.

Die Lage der Frau ist schlechter als die des Mannes. Aber das haben nicht wir Patriarchen so konstruiert, damit es der Frau schlechter geht als uns. Es hat sich so ergeben. Wir haben uns ja wahnsinnig vermehrt. Ein paar Frauen müssen da jedenfalls mitgemacht haben. Nun müssen wir sehen, wie wir einigermaßen miteinander leben können.

Solange die Frau ihre Forderungen nicht klar und sauber formulieren kann, solange sie nicht aufhört, in alten Stiefeln zu tanzen und die Männer zu beschimpfen, entsteht nichts Neues. Die

Emanzen haben ihrem eigenen Geschlecht keinen Dienst erwiesen, indem sie blindwütig wie die Revoluzzer auf die Männer dreingeschlagen haben. Lauter Softies und Chaoten sind aus der Schlägerei hervorgegangen. Ich finde, jetzt reicht es.

Woran erkennt man die falsche Braut?

Wenn Sie die falsche Frau haben, verläuft Ihr Leben so, wie Sie es nie wollten. Das negative Denken macht sich in Ihnen breit, die Sonne scheint düster, die Welt steht kurz vor dem Untergang, das Leben gewinnt keinen Sinn, Sie stellen alles und sich selbst in Frage, kurzum, die Erde wird – nur in Ihrem Kopf, aber das können Sie nicht erkennen – zum Jammertal. In Ihrem Geist- und Seelenleben spukt es, spielt alles verrückt. Sie schließen von Ihrem bedauernswerten Zustand auf den Zustand der Welt. Und wenn Sie nicht die Kurve kriegen, dann kriegt sie Sie.

Mir nannten viele Frauen als einzigen Scheidungsgrund – na was schon – das Saufen des Mannes. Es gibt Männer, die trinken schon, bevor sie eine Frau kennenlernen. Von denen ist hier nicht die Rede. Wir reden von denen, die von ihren Frauen nicht geliebt, sondern nur benutzt werden. Das Trinken ist der sichere Anfang vom Ende eines Männerlebens.

Wenn wir uns die Merkmale anschauen, die darauf hindeuten, daß das Mädchen nicht richtig tickt und muttergeschädigt ist, wird uns ein wenig der Mut genommen. Denn am Idol des Weibes herumzukratzen, sind wir nicht gewohnt. Es tut nicht sehr gut. Aber ich frage, ob es wohler tut, blind nach der Falschen und Unfähigen zu greifen und ein Leben zu führen, das jenseits von Gut abrollt. Unser Fleisch ist unheimlich schnell. Mir haben schon viele Männer erzählt, daß ihnen die innere Stimme zwar zur Vorsicht riet, sie sie aber überhört haben. Voller Hoffnung und Mut stürzen überall in der Welt die Männer in die Fallen der asexuellen, lustlosen, liebesunfähigen Frauen.

Nun muß keiner glauben, die nun folgenden Tips zum Erkennen einer verborgenen oder künftigen Phallusgegnerin, eines Dornröschens oder einer Selbstverwirklicherin, einer Zanksüchtigen oder Feministin, einer Märchenprinzsuchenden oder Domina, einer Parasitären oder Perversen, seien für jeden Mann ein nützliches Werkzeug zum Schmieden seines künftigen Glückes. Brauchbar sind sie nur für den unerfahrenen Mann, egal welches Alter er hat, wenn er emotional stabil oder einigermaßen heil aus der Kinderstube entlassen wurde. Für die anderen sind das böhmische Dörfer, und sie können gleich weiterblättern.

Wie erkenne ich aber den Zustand meines eigenen emotionalen Gerüstes? Eigentlich ganz einfach. Intakt ist man, wenn man etwas Gutes in sich fühlt beim Anblick von Menschen und vor allem von Kindern, von Frauen und von echten Männern, von Tieren und Pflanzen, von Bergen und Meeren, vom Himmel, vom Mond und von der Sonne. Man bewegt sich gern unter Menschen, in Luft und Wasser. Das gleiche gilt wohl auch für Frauen, wir müssen oben nur einsetzen: von Männern und von echten Frauen.

Aber jetzt zur Sache. Um alle folgenden Frauentypen sollte man einen großen Bogen machen, wenn man vorhat, eine längere und feste Bindung einzugehen.

Frauen, die an Horoskope glauben

Sie fragen Sie nach kurzer Zeit schon nach Ihrem Sternzeichen. Sie können charmant und lustig sein, wie sie wollen, wenn Ihr Zeichen nicht zu ihrem paßt, versperren sie sich. Passen Sie aber zu ihrem Bild, dann beginnen sie, Ihre übrigen Werte alle abzufragen und zu überprüfen.

Warum glauben so viele Frauen an Horoskope? Sie sind total verunsichert und benötigen, um einen Mann einschätzen zu können, Hilfsmittel. Die Horoskopgläubige kann die Werte eines

Mannes nicht erkennen, und ich frage sie, was sie an ihm lieben will. Wer ein Schema nötig hat, Menschen in Schubkästen unterbringen will, dem fehlt es an Gefühl für das, was wirklich wichtig ist. Und wer kein Gefühl hat, kann nicht lieben, fertig.

Frauen, die von Schwulen schwärmen

Sie leiden eigentlich unter Angst vor Männern. In ihren Augen sind Homosexuelle nett, zuvorkommend, unheimlich klug und gebildet, lieb und hilfsbereit, die wohltuendsten Gesellschafter.

Sie wollen keinen Sex von ihr. Daß ihr das gefällt, wird sie nie sagen. Aber reicht es nicht, wenn sie vom »Unmännlichen« schwärmt?

Es ist ziemlich sicher, wenn eine Frau die Gesellschaft von Schwulen sucht und sich darin wohl fühlt, dann deshalb, weil sie nichts zu »befürchten« hat. Sie fürchtet die echte Intimität mit einem Mann. Denn da tritt ja sofort zutage, was mit ihr los ist. Für sie ist einer, der immer nur das eine im Kopf hat, ein Schrecken. Frauen, die so was sogar sagen, oder auch durchblicken lassen, daß sie so denken, können nicht lieben, fertig.

Frauen, die verwöhnt werden wollen

Eine solche Frau wird keinen Mann verwöhnen, das ist sicher. Sie lassen sich lieben. Vor allem tun das jene, die schön sind. Uns wurde unterstellt, wir vernaschen gern schöne Frauen. Allein aus dem Wort »vernaschen« drehte frau dem Mann einen hinterlistigen Strick. Was ist denn die Wahrheit? In Wahrheit nutzt die Frau den Mann aus. Sie läßt sich von ihm streicheln, küssen, lieben. Sie ist ganz passiv, genießt den Mann, der ihren Körper liebt. Diese egoistische Frechheit tarnten sie und schoben sie uns in die Schuhe. Wir naschen, wir genießen! Klar genießen wir den schönen Körper einer Frau, aber sie genießt nicht den Körper des Mannes, sondern nur sich selbst. Das ist ja wohl ein Unterschied. Die schöne Frau ist selbstsüchtig geworden in der Verwöhnung. Wieso ist daran der Mann schon wieder schuld?

Ich wette, schöne Frauen werden eine höhere Scheidungsrate aufweisen als ihre Geschlechtsgenossinnen. Aber wer macht schon solche Statistiken? Schöne muß man verwöhnen. Wenn ihre Schönheit verblaßt, sind sie die, die vom Geben rein gar nichts mehr verstehen können. Die meisten von ihnen landen daher in der Einsamkeit, was nicht bewiesen werden muß.

Aber auch Faule und Träge muß man verwöhnen. Wer nicht lieben kann, will verwöhnt werden, fertig.

Frauen, die mit Gold behangen sind

Egal, wo sie es her hat. Sie können sie gleich weiterbeschenken. Ist ja klar, was sie liebt, Sie liebt sie jedenfalls nicht, auch wenn Sie ihr die Welt zu Füßen legen würden. Das Märchen vom Fischer und seiner Frau ist keine Frauendiskriminierung, sondern die Wahrheit. Viele Frauen denken in Gold und nicht in Orgasmen. Der Mann fühlt, die Frau rechnet.

Wenn Sie im Monat dreitausend Mark auf die Hand bekommen, dann suchen Sie sich eine, die am besten nichts hat. Haben Sie nichts, dann suchen Sie sich eine unter 'ner Brücke. Haben Sie Millionen, dann brauchen Sie nicht mehr zu suchen. Gehen Sie aus, und zeigen Sie Ihr Geld, aber erwarten Sie ja nicht, daß sich in der um Sie buhlenden Weibermenge eine einzige Liebesfähige befindet. Wie soll sie denn in Ihre Nähe gelangen?

Ich erinnere mich an den Film *Ali Baba und die vierzig Räuber* mit dem französischen Komiker Fernandel. Er öffnet mit Zauberworten die Schatzhöhle. In wenigen Augenblicken räumt das Volk die Schätze beiseite. Fernandel sitzt allein in der leeren Höhle, ein bißchen traurig. Da krabbelt ein allerliebstes Mädelchen zu ihm. Das wollte nichts von den Schätzen, das wollte nur den armen Schatz Ali Baba. Alles kindische Männerträume!

Wie viele Dichter wollten uns mit ihren Künsten einreden, der

Mann muß nur Geduld besitzen und so lange suchen, bis er die Frau findet, die seinen schönen Geist und seine schönen Gefühle liebt. So weit ich mich erinnere, sind die Dichter alle alt und grau bei dieser Warterei geworden. Und wenn sie reich geworden sind, dann träumen sie noch heute. Aber schöne Werke hinterließen sie uns, tröstende Werke, romantische, gefühlvolle Spinnereien. Frauen lügen, wenn sie sagen, sie seien die zur Romantik veranlagten Geschöpfe. Romantik ist eine reine Gefühlsduselei des nach Liebe durstenden Mannes. Und sogar diese ließ er sich von den Frauen klauen. Es gibt keine romantische Frau, es sei denn, sie fühlt wie ein Mann.

Am Anfang lieben uns die Frauen ein bißchen, ich will ihnen nicht alles absprechen, aber je älter sie werden, desto weniger lieben sie. Das Leben findet doch nicht im Bett statt, es gibt kein ewiges Umarmen. Ist ja auch einzusehen. Aber im Bett ist es für uns am allerschönsten. Bloß kann die Goldsucherin, wenn sie Liebe zuläßt, nicht sehr viele Nuggets finden in der Kiste, sondern nur einen Mann. Daß der dann beflügelt für sie zu den Goldfeldern schwebt, kann sie nicht glauben. Ist ja auch was Wahres an ihrem Unglauben. Ein verliebter Mann ist kein Arbeitstier. Also ja nicht einen auf Liebe machen. Der Traum von der Insel und der kleinen, schäbigen Bude ist auch ein reiner Männertraum. Die Liebe hat Platz in der kleinsten Hütte? Ja, vielleicht in den Flitterwochen.

Frauen, die als Jungfrauen in die Ehe gehen wollen

Seien Sie bloß vorsichtig mit dieser Katze im Sack. Sie will Ihnen was ganz Wertvolles schenken, etwas Unbezahlbares. So viel Geld kratzen Sie in Ihrem ganzen Leben nicht zusammen.

Von diesem Mädchen, wenn es älter als achtzehn ist, schauen Sie sich am besten erst mal Vater und Mutter an. Wenn sie von diesen umarmt und geküßt wird, wenn sie ihnen mit Ruhe und Wärme in die Augen schauen kann, mit ihnen lachen und über alles reden kann, dann haben Sie vielleicht ein echtes, junges Weibchen gefunden. Dann läßt sie sich und Sie auch nicht ewig rumzappeln. Ist ihr Verhältnis zu den Eltern aber gestört, dann ist es eine Angstjungfer. Sie wird ihre Lebensangst auf Sie übertragen. Vom ersten Tag an werden Sie bei ihr dieses herrliche Gefühl, ein Mann zu sein, gar nicht erst kennenlernen. Und wenn Sie bei ihr kleben bleiben, weil sie Ihnen sehr gefällt, dann ist Ihr Unglück so sicher wie das Amen in der Kirche. Es beginnt an dem Tag, an dem Sie ihr begegnen. Bleiben Sie fair, wenn Sie sich von ihr trennen, sie hat bei den Eltern keine Liebe gesehen, hat also das Lieben nie gelernt. Wenn es einem Psychotherapeuten gelingt, ihr die Angst zu nehmen und ihr Selbstvertrauen zu stärken, dann können Sie es ja noch mal versuchen. Aber finden Sie erst mal solch einen Seelenheiler in Deutschland.

Haben Sie die Jungfrau ungesehen genommen, dann will sie Sie eines Tages zum Psychiater schicken. Dafür macht sie Sie auch reif.

Frauen, die nicht anrufen

Kürzlich stand ein kleiner Artikel in der »Bild«. Darin wird der Frau geraten, den Mann, der nicht jeden Tag mehrmals anruft, in die Wüste zu schicken.

Da habe ich auch einen Rat. Wenn sich die Frau nur anrufen läßt, sollte man sie gleich auf den Mond schießen. Frauen, die nicht anrufen, sind geizig, lieblos, egoistisch. Es sind keine Frauen. Sie rufen auch deswegen nicht an, weil sie nichts zu sagen, nichts zu fragen und nichts zu unternehmen wissen. Sie sitzen und warten, bis Sie die ganze Verantwortung für ihr Leben übernehmen. Da sie nicht fähig und mit Ihnen natürlich nicht glücklich werden kann, wissen Sie ja, wofür sie Sie eines Tages verantwortlich machen wird. Sie lauert wie eine Spinne im Netz. Sie wird Sie ungeküßt fressen, wenn Sie drinhängen.

Frauen, die nicht anrufen, geben Ihnen aber eine eindeutige Botschaft. Der will doch was! Also, rufen Sie ja keine Frau an, die nach Ihren ersten zwei Telefonaten nicht zurückruft und Sie fragt, wie es Ihnen geht. Es ist verlockend, eine Frau, die uns gefällt, immer wieder anzurufen und zu glauben, man könne sie erobern. Frauen, die man erobern muß, sind wie Festungen, kalt und schwerfällig. Hinter der Fassade wartet kein sonniges Lustgärtchen auf Sie, sondern ein Verlies.

Eine Frau, die erobert werden will, geht Ihnen keinen Schritt entgegen. In Wirklichkeit erobert sie Sie. Liebesfähige gehen aufeinander locker zu.

Frauen, die nur schlecht von Männern reden

Sie können die Männer wohl unmöglich lieben. Wenn sie über ihre Ex-Gatten oder verflossenen Liebhaber herziehen, dann können Sie mit hundertprozentiger Sicherheit davon ausgehen, daß Sie der nächste sind.

In der Regel reden ja die Männer, die mit ein und derselben Frau gelebt haben, nicht miteinander. Würden sie sich mal aussprechen über ihre intimen Erlebnisse mit der Meckerliese, würden sie erstaunliche Entdeckungen machen. Sie hat sich nämlich immer in gleicher Weise gezeigt, passiv, launisch, zänkisch, hysterisch und natürlich ohne erkennbaren Orgasmus. Der Zänkischen laufen alle Männer wieder weg, sie erniedrigt sie, um sich zu erhöhen.

Sie machen jedenfalls nur schlechte Erfahrungen mit Männern. Muß auch so sein. Wie kann sie denn je zu guten Erfahrungen kommen, wenn sie so verklemmt und seelisch blockiert ist? In ihrer Nähe wird der Mann gehemmt, aggressiv, und wenn er so dumm ist, wie ich es war, dann sucht er ständig bei sich nach den Fehlern, weil absolut nichts hinhaut mit der Kleinen. Sie zieht uns einfach ihre engen Latschen an, und wir springen immer schön im Kreise oder wie über ein Höllenfeuer.

Unfähige Frauen machen jeden Mann unfähig, jeden! Es sei denn, er haut ab und läßt die Frau fallen wie eine heiße Kartoffel.

Was macht die negativ Getrimmte nun mit einem fähigen Mann, bevor er das Weite sucht? Erst mal weint sie, weil sie mit ihm im Bett was ganz Furchtbares erlebt: ihre Unfähigkeit. Er weckt in ihr die leise Ahnung, daß der Murks ihres Lebens irgendwie mit ihr zusammenhängen muß. Aber nur eine dunkle Ahnung. Und nun werden die ihr bestens bekannten Aggressionen und Haßgefühle in ihrem Herzen wach. Diese richtet sie nicht gegen die Ursache ihres Leidens, sondern gegen den Geliebten, der gerade durch sie zum schönsten Orgasmus gekommen war und an ihrer Seite ein bißchen einnicken will. Daß er sich so wohl fühlt, das juckt sie mächtig. Denn sie fühlt sich wieder mal gar nicht wohl, greift nervös zur Zigarette und verachtet zutiefst das Scheusal in ihrem Bett. Sie zwingt ihm ein Problemgespräch auf und führt es so lange, bis sie endlich die Stelle zum Einhaken gefunden hat. Sie hakt ein und zieht den Mann in den Dreck. Wenn er aber keine Fehler begeht – das natürliche, süße Müdigkeitsgefühl, das uns ganz kurz überfällt und das jede erfüllte Frau gleichermaßen hat, wurde uns von den Trockenen bereits als schlimmer Fehler untergejubelt –, dann konstruiert sie einen, wenn sie den eben erwähnten »Fehler« noch nicht entdeckt hat. Dann funktioniert ihr altes Schema wieder, sie ist o.k., er ist nicht o.k. Jetzt erst kann sie weiterleben, die kleine, süße Hexe. Neben ihr liegt jetzt ein Hexenopfer, wenn der Mann das Spiel nicht durchschaut. Die Hexe opfert und schlachtet den Mann. Aus diesem Vorgang zieht sie ihr Lebenselixier, und dafür wurde sie früher verbrannt. Der Mann hat sich entwickelt, emanzipiert – heute geht er.

Die Zänkerin nimmt eher eine Krebserkrankung in Kauf, läßt sich eher die Gebärmutter rausnehmen, als die wahre Quelle ihres Hasses und ihres Mangels zu erkennen und zuzugeben. Der ist zu tief eingraviert.

Schneewittchens Stiefmutter ist nicht eifersüchtig auf die Schönheit ihrer Stieftochter, glauben Sie das ja nicht! Sie ist neidisch auf die verstorbene Mutter des schwarzhaarigen Mädchens, weil es dieser gelungen ist, ein so liebes Kind in die Welt zu setzen, das alle mögen. Der Dichter des Märchens hat es nicht gewagt, das zu sagen. Schneewittchen, eine liebesfähige Frau, wird gehaßt. Die Alte will das Herz dieser Guten fressen. Heute fallen die Emanzen auch über jede Frau her, die was Gutes über die Männer sagen will. Das Märchenkind fühlt sich jedenfalls bei sieben Kerlen, die hat der Dichter aus puritanischen Gründen ganz klein machen müssen, tausendmal wohler als bei einer Geschlechtsgenossin.

Frauen, die schlecht über Männer reden, sind arme Pfläumchen, und jene Männer, die sich nicht dagegen wehren, sind arme Würstchen.

Frauen, die es in die Öffentlichkeit und in die Politik zieht

Da denken wir nicht mehr darüber nach, da sind sich alle Männer einig. Wir schauen sie uns nur im Fernsehen an und fragen unseren Kleinen um seine geschätzte Meinung. Denn der irrt in der Regel nie. Der ist schlau, das glaubt frau gar nicht.

Es geht hier nicht um die älteren Damen, die auch ein bißchen auf der Bühne der Macht rumtanzen, ein echtes Anliegen haben und daheim nicht verblöden wollen in der Einsamkeit. Es geht um die Jungen, die im Machtrausch schön verdrängen können, was sie für arme, lustlose Schnecken zwischen den Beinen tragen.

Frauen, die über Bordelle schimpfen

Sie wissen zwar nicht, was sich dort abspielt, werden es auch nie erfahren, aber es wurmt sie gewaltig, wenn die Männer, die sie verhungern lassen, sich in der Fremde ein Stück trockenes Brot für einen Batzen Gold kaufen, um wenigstens den ärgsten Hunger kurz zu stillen. Wer verdurstet schon gern an einer verschütteten Quelle, wenn gar nicht weit davon ein kleines Rinnsal aus sprödem Stein kleckert?

»Pornographie und Prostitution sind frauenfeindlich«, schreien die Emanzen. Wieder so ein verkehrtes Ding. Sie sind natürlich männerfeindlich und waren es schon vor zweitausend Jahren. Müssen wir das noch beweisen?

Bordelle sind weiter nichts als das Produkt liebesunfähiger Frauen. Und was die Empörten nicht wissen, in den Bordellen lauern vorwiegend liebesunfähige Frauen auf reichlich Geld für das, was man Liebe nennt, aber überhaupt keine ist. Prostituierte sind fast alle Männerhasserinnen, sonst könnten sie diesen Job gar nicht ausführen, sonst würde ihnen das Herz brechen, und sie könnten aus der Not des Mannes nicht so ein brutales Geschäft machen.

Männer, die sich verkaufen, sind den Feministinnen herzlich willkommen. Sie denken, jetzt knallt es zurück, und die Patriarchen werden noch mehr in die Enge getrieben. Pustekuchen, kleiner Irrtum! Eine Hure kann am Tag hundert Männern den Samen abnehmen, aber ein Hurer, der jeden Tag eine Frau befriedigen will, die er gar nicht mag, ist entweder ein Hochstapler der perfektesten Sorte oder ein armer Armleuchter. Er kann zwar seinen Jungen trainieren, daß er eine Weile ohne Erektion funktioniert, aber es schwebt das Verhängnis der Impotenz und des frühen seelischen und körperlichen Todes über ihm.

Frauen, die über Bordelle schimpfen, mögen keine Männer, und verstehen können sie sie gleich gar nicht.

Frauen, die dem Mann ebenbürtig sein wollen

Sie sind auf einem schlimmen Holzweg. In uns allen steckt ein instinktives Urverhalten, das wir zwar immer wieder mit Hilfe unseres Verstandes unter den Tisch kehren wollen, aber nicht drunterkriegen. Sichtbar wird es an Tatsachen, die niemand ändern und aus der Welt schaffen wird. Frauen fühlen sich wohler mit einem Mann, der größer und stärker, älter und tatkräftiger, mutiger und verantwortungsvoller ist als sie.

Der Softie, Produkt und Irrtum der Frauenbewegung, schüttelt gegenwärtig die ihm übergestülpten Büßerhemden und weichen Verhaltensweisen wieder ab, schmeißt die Goldkettchen dahin, wo sie hingehören, in die Schmuckkassetten der Frau.

Eine Hirschkuh, die aus dem Rudel tritt und dem Leittier die Führung abnehmen will, würde ziemlich staunen, wenn die Aufgaben plötzlich auf sie zukommen, die bisher der Kräftigste wahrgenommen hat. Der Leithirsch ist in den trüben Augen der Emanzen sicherlich auch ein Frauenfeind, so wie es ein Mann ist, der seine Familie oder Abteilung führt, aber der Irrtum der Feministinnen ist nicht unser Irrtum. Man sieht doch, wie sie unsicher auf dem Feld der Freiheit rumtorkeln und das Unwohlsein in ihre Gesichter geschrieben ist. Wenn sie weiter mit uns konkurrieren, werden sie schon sehen, was ihre Seelen für einen Unfrieden davon haben.

Als es der Frauenbewegung partout nicht gelingen wollte, die neue Frau auf die Bühne der Geschichte zu stellen, als es langsam durchsickerte, daß die Frauen der ersten Stunde, die emanzipierten Vorkämpferinnen, auch nicht das Gelbe vom Ei waren, da gab man noch lange nicht auf. Man werkelte den Softie zurecht, den weichen Mann.

Bei der Frau war ja sowieso schon alles o.k., jetzt mußte nur noch das Weibliche im Mann gefördert, herausgeholt, wiederbelebt werden.

Dabei ist im Mann überhaupt nichts Weibliches. An unserem Hormonhaushalt wollen medizinische Schulgelehrte nachweisen, daß es aber doch so ist. In der Frau entdeckten sie männliche Hormone. Sie werden noch entdecken, daß in beiden Geschlechtern rotes Blut durch die Adern rinnt und sagen, Mann und Frau sind eins.

Ein Mann ist ein Mann, eine Frau ist eine Frau. Wenn wir Männer weinen, dann ist das nicht weiblich, wenn wir unsere Kinder liebkosen, dann ist das nicht weiblich weich und umhüllend, wenn wir zärtlich sind, dann ist das nicht feminin. Es ist unser angeborenes, menschliches Artverhalten. Das haben sie uns einfach mit ihrer Hormonspinnerei geklaut und weiblich genannt. Und wir haben uns wieder mal alles abnehmen lassen von den Weibern. Zum letzten Mal: In uns Männern ist nichts Weibliches, sondern nur was menschliches Männliches. Frauen haben keinen nach innen gestülpten Penis. Wenn sie wie Männer empfinden, also immer von dem Verlangen getrieben werden, einer Frau von hinten oder von vorn zu kommen, dann tun sie mir leid. Ich fürchte, dieses Verlangen kann nie befriedigt werden.

Um zu beweisen, was nicht zu beweisen ist, um zu zeigen, was nicht Sache ist, schuf man und frau den kleinen, tolpatschigen Trottel. Jedenfalls im Film und auf der Bühne. An diesen Märchenfiguren konnte frau sich ergötzen und das neue Frauengefühl fühlen. Frau machte den Mann einfach zu einem kleinen, weinerlichen Idioten. Passiert ja gelegentlich auch in den besten Familien.

Der große, starke Held verschwand von der Mattscheibe. Und es zappelten die muttertriebfördernden, hilflosen, kleinen Jungs darauf herum. Sie werden sich vielleicht noch heute wundern über die Gunst ihrer Stunde. Sie mußten das neue Frauenbedürfnis befriedigen, das Bedürfnis nach dem Mann, der keiner ist.

Der Deutsche, aber auch der amerikanische, französische Film sucht krampfhaft nach Drehbüchern und immer noch nach kleinen Tolpatschen. Man läßt sie neuerdings wieder an Stärke gewinnen, aber es ist noch das alte, ausgeleierte Spiel. Dabei ist die Sache ganz einfach. Versucht's mal wieder mit Männern. Die kleine, täppische Großstadtpflanze taugt nur noch für den Kinderfilm.

Frauen, die nirgendwo hinschauen

Sie tun bloß so. Sie beobachten und prüfen haarscharf von der Seite. Sobald Sie sie anschauen, flitzen ihre Augen blitzschnell davon. Sie sind nicht fähig, Ihrem Blick auch nur fünf Sekunden standzuhalten. Wäre ja schon viel zuviel Intimität, zuviel der Gnade und des Gebens. Sie warten darauf, daß Sie wieder mal alles in die Hand nehmen. Sie belauern Ihre Reaktionen. Sie sind ganz passiv, aber nur äußerlich. Im Köpfchen arbeitet es wie verrückt, das alte Frageprogramm nach altem Schema.

Ausländerinnen, die einen deutschen Mann suchen

Der deutsche Mann ist reich und von den Frauen verlassen. Als ich Bi aus Taiwan kennenlernte, erzählte sie mir ganz treuherzig in einem Café, sie müsse ihr Kind und ihre Mutter ernähren. Was ich ja verstand. Nun erzählte sie aber weiter. Ihr deutscher Mann, von dem sie geschieden sei, habe das gemeinsame Kind und sie müsse jetzt für die zwei Unterhalt bezahlen.

Bi war eine süße Asiatin. Ich fragte sie, warum sie geschieden sei. Sie sagte, er wollte in letzter Zeit nur noch fernsehen und Bier trinken. Dann wollte er mit ihr schlafen und, da sie keine Lust hatte, wurde er immer böse und wollte sie schlagen.

Es geht unter deutschen Männern die Mär um, Asiatinnen seien wenigstens noch richtige Frauen. Also, ich rate zu äußerster Vorsicht vor einer Frau, die um die halbe Welt fliegt, um einen lieben deutschen Mann zu heiraten und mit ihm zu leben.

Wenn Bi von ihrem asiatischen und ihrem deutschen Mann sprach, dann blickten ihre herrlichen braunen Augen starr und böse, und alle Anmut wich aus ihrem Gesicht. Ihr Mund wurde zu einem bösen Strich. Ich packte sie fest an den Hüften. Sie kreischte laut auf und sah mich verwundert und liebevoll an. Sie brauchte einen echten Macho, das war mir sofort klar. Sie suchte einen, der zu ihr auf den Baum springt.

Wenn es einer Hure gelingen könnte, dem Mann für einen Quicki das ganze Vermögen abzuknöpfen, sie würde es, ohne mit der Wimper zu zucken, tun. Das ist das Gesetz der liebesunfähigen Frau. Sie braucht keine Liebe, sie braucht Geld.

Wir schmeißen unser Leben in die Waagschale, die Frauen auf ihre Seite nur einen kurzen Blick.

Wir sollten beim Durchblättern eines Pornoheftes auch mal einen Blick in die Katzenaugen der so willigen Damen werfen und nicht immer gefühlvoll auf das Zentrum äugen. Das wahre Zentrum sitzt bei den Frauen zwischen den Schläfen, nicht zwischen den Beinen.

Woran erkennen wir noch die falsche Frau? Also schon am Kuß. Wenn sie Ihnen einfach so den Schweiß von der Stirn wischen kann, Ihren Körper berühren und Ihnen sogar einen Pickel ausdrücken kann, wenn sie Ihre Schweißsocken mit ungerümpfter Nase anfaßt, dann ist sie nicht verkehrt. Wenn sie ewig nicht vom Einkaufen zurückkehrt, dann ist das kein gutes Zeichen. Sie feilscht irgendwo um Pfennige, kann sich nicht entscheiden und legt auf Ihre Gegenwart nicht sehr viel Wert. Sie sind nicht wichtig. Wenn sie nicht nach fremden Kindern sieht und nicht mal mit ihnen ein paar freundliche Worte wechseln kann, dann ist sie nicht o.k. Am besten erkennt man sie, wenn man ein Gespräch mit der Freundin belauschen kann. Der Lauscher an der Wand hört nicht immer seine eigene Schand, manchmal auch die Schändlichkeit der Frau. Also belauschen Sie die Frauen, wo Sie können.

Wenn sie nie nach Ihrer Hand greift, nie an Ihrem Ohr knabbert, nie auf Ihren kleinen Jungen schaut, ihn nicht angreifen mag, dann mag sie den großen auch nicht.

Das klingt alles sehr einfach und überzeugend, aber ich sehe tausendfach, mit welcher Gleichmut Männer sich nicht lieben lassen und in ihr Elend marschieren. Frauen, die nicht geküßt werden wollen, kann man vergessen. Frauen, die ihr Ohr nicht zu Ihrem Mund führen, auch. Aber vergessen Sie eins nicht, vor allem die irritierte Frau kann noch was lernen. Wenn die Eltern immer nur Versteck gespielt haben mit ihrer Liebe, das Kind aber emotional nicht verdurstet ist, dann braucht es etwas Zeit. Geht uns ja auch so. Aber lange dauert das nicht. In Windeseile, oft in wenigen Stunden oder Tagen, findet frau und man alles ohne Betriebsanleitung, ohne sexuelle Aufklärung. Wenn Sie nach einer Begegnung mit einer Frau nicht beschwingt durch die Straßen laufen und sich nicht auf den nächsten Treff freuen, dann war sie wohl nichts. Kann sie Ihnen nicht mit ruhigem Blick sagen, daß sie Sie mag, dann mag sie Sie auch nicht, sondern was anderes. Will sie Ihnen kein Bild schenken, schenkt sie Ihnen auch keine Liebe. Will sie im Kino nicht unbedingt in der hintersten Reihe sitzen, dann suchen Sie sich eine, die das will. Und wenn sie nie bezahlen will, ist das ein sicheres Zeichen dafür, daß Sie ausgenommen werden. Näht sie Ihnen keinen Knopf an, obwohl sie es kann, dann nähen Sie ihn sich selbst an. Nichts leichter als das! Wenn sie nicht gefällig ist, Ihnen keine gute Fahrt wünscht, keinen Erfolg, dann haben Sie ein vom Emanzenmief vernebeltes Mädchen. Vergessen Sie sie, auch wenn es immer etwas schmerzt am Anfang. Und wenn sie von der Unterdrückung der Frau durch das Patriarchat schwätzt und von Krebs, den wir ihr verursachen, dann sollten Sie so schnell abhauen, wie Sie können. Holen Sie sie ja nicht raus aus einer Frauengruppe oder Weiberkommune, in denen sie Selbstverwirklichung, Emanzipation üben. Sie beginnt sofort, den Softie aus Ihnen zu machen. Wenn Sie durch Mama verunsichert und etwas schwach im Rückgrat sind, dann knackt sie es Ihnen vollends durch. Wir konnten ja sehen, wie lebenswichtig es für uns ist, ein weibliches Wesen zu finden, das uns wirklich mag. Lesben legen die Karten auf den Tisch, aber auch nicht so gern und überall. Mich machte ein früheres Erlebnis sehr nachdenklich und skeptisch. Ich besuchte eine befreundete Familie, aber keiner war da. Also kochte ich mir einen Kaffee und setzte mich an den Küchentisch. Kommt doch plötzlich eine mir unbekannte Frau aus der Badtür, völlig nackt. Sie kreischt, hält sich schnell die Hände vor Brust und Muschi und verschwindet wie der Blitz. Später erzählt mir mein Freund, daß sie eine Lesbe ist und bei ihnen ist, weil sie mit ihr ein Theaterstück machen wollen. Ich hätte nie gedacht, daß sie eine Lesbe sein könnte und hätte bei dieser Vierzigjährigen eher auf ein verklemmtes Mädchen getippt.

Eine echte Frau ist ein Juwel, kein Mann ist da anderer Meinung. Es ist schwer und mühselig, eine zu finden, denn sie sind fast alle in einer festen Bindung. Sobald sie über die Pubertät sind, sind sie auch schon da, wo es sie hinzieht, beim Mann. Die fackeln keinen Tag zu lange.

Jahrtausendealte, reingeistige Ideologien und Philosophien haben nun versucht, aus der Not eine Tugend zu machen und vor allem uns Männern das Fleisch wegzureden und es damit in einen ewigen Konflikt zum Leben gebracht. Der Mann kam geistig und seelisch in eine Zwangsjacke und richtete viel Unheil an auf dem Erdball. Ein falsches Verhalten wurde von Generation zu Generation weitergegeben, ohne daß die Frau herausgefordert wurde, ihren Anteil an den Konflikten zu erkennen und zu bewältigen. Davon profitiert haben die Denker und Spinner bis zum heutigen Tag. Und die Frau hat sich ins Fäustchen gelacht und tippt uns an die Stirn, wenn wir philosophieren. So kleinhirnig, wie die Frau gern gesehen wird, ist sie nicht.

Wen ich total ablehne, von dem kann ich mich nicht streicheln lassen. Ich empfinde dann nichts oder sogar Unangenehmes. Aber Vorsicht, das ist nicht die ganze Wahrheit. Ein introvertierter Mensch läßt sich von niemandem anfassen, weil er das soziale Wonnegefühl, überhaupt von einem Menschen angefaßt zu werden, nicht kennt. Wie kommt nun Licht in die Sache, wer ist zu, wer ist offen? Man braucht einem Menschen nur die Augen zu verbinden, dann weiß er nicht, ob er Freund oder Feind vor sich hat. Wenn er gestreichelt wird und nichts Gutes empfindet, dann sieht es nicht gut aus bei ihm. Man kann sich auch selbst über den Arm fahren, da kriegt man es raus, wie es um einen steht. Der Streicheltest mit der Frau ist jedenfalls eine praktikable Sache, aber man muß etwas beachten dabei. Sie kann ja lügen, »Tut gut«, ist geheuchelt. »Ah«, klingt schon eher echt. Und Gänsehaut ist ein sicheres Zeichen. »Mach weiter«, das ist das echte. Das ist überhaupt das Beste vom Besten. Eine echte Frau gibt Ihnen ganz klare Informationen in einer Art, daß Sie niemals vor Schrecken zusammenfallen, weder auf der Straße noch im Bett.

Und was ist mit den Frauen, die uns ständig erzählen, sie

brauchten ihre Freiheit und Unabhängigkeit. Klingt ja erst mal ganz gut. Mann, seien Sie bloß auf der Hut. Sie sind die schlimmsten und partnerunfähigsten Frauen. Bei ihnen setzt man am besten für das Wort Freiheit das Wort Egoismus. Freiheit und Liebe sind identisch. Die Frau, die unabhängig sein will, wird die Bedürfnisse des Mannes niemals akzeptieren. Wenn die nicht will – und sie will nie so richtig –, dann sitzen Sie da mit 'nem dicken Kopf.

Hinter dem Modewort »Unabhängigkeit« verbirgt die deutsche Frau ihre Angst vor dem Mann, ihre Verklemmung. Eine freie Frau ist eine offene Frau. Sie redet gar nicht von der Freiheit.

Sobald eine Frau von Unabhängigkeit und Freiheit schwätzt, lassen Sie sie stehen.

Und was ist mit denen, die schlauer als Männer sein wollen? Viele kleine Artikel werden von den Emanzen in den Redaktionen der Zeitungen verfaßt, um den Männern eins überzubraten, um sie auf kleinen Feuern weichzukochen.

»Bild« vom 12.6.91 schreibt: »Frauen sind schlauer als Männer. Australier entdeckten bei den Frauen mehr intelligenzhaltige X-Chromosomen als bei den Männern. Schlußfolgerung: Frauen sind auf jeden Fall intelligenter als Männer.«

Wir sind also erledigt. Alle Macht, aller Führungsanspruch, alle Studienplätze den Frauen! Männer an die Nähmaschinen!

Natürlich sind die Weiber schlauer, das bestreitet kein Mann. Die Australier, die die Intelligenz in Chromosomen und nicht in Handlungen suchen, kommen mir vor wie zwei Affen mit einem Buch unter dem Arm.

Die Frau entwickelte große Schlauheit, um ihre Mängel zu verbergen und den Mann auszubeuten und zu unterdrücken. Männliche Intelligenz schuf die Kultur, füllte die Töpfe, und weibliche Schlauheit nutzt alles und schlägt sich die Bäuche voll. Aber das hat uns Männer noch nie gejuckt.

Das Kind in der Frau

Eine erwachsene Frau, die sich lieben läßt, ist entweder infantil oder ein geiziges, berechnendes Bündel Machtbegierde, die ihre Sexualität als Mittel zum Zweck einsetzt. Ich sprach mit vielen Männern über dieses Thema, wir waren uns alle einig. Das ist so! Da steht doch in der Frauenzeitschrift »Cosmopolitan« vom Juni 91 in dem Artikel »Wahre Lust nur mit dem Liebhaber« – feig und anonym, damit man das Luder nicht erwischt –, viele Frauen erlebten hemmungslosen Sex nur beim Fremdgehen. Im Ehebett seien sie Madonnen, da würden sie schamrot, wenn sie ihre geheimen Wünsche alle äußern und ausleben würden. »So merkwürdig es klingt«, schreibt die Versteckte, »die Tatsache, daß das Hure-Madonna-Phänomen auf die Frauen übergegriffen hat, ist nicht zuletzt eine Folge ihres veränderten, ihres gestärkten sexuellen Bewußtseins.«

Na klar, den Mann ausbeuten, sexuell vertrocknen lassen und, um der chronischen Eileiterentzündung und sonstiger Beschwerden untenrum aus dem Wege zu gehen, bumst frau sich gesund mit geilen, hemmungslosen Böcken.

Das Weib wird hier also aufgefordert, altes Verhalten fortzusetzen und den Preis der Macht nicht zu bezahlen, also doppelt listig zu sein. Meine Damen, damit Sie klarsehen, der Preis für dieses schizophrene Verhalten wird Ihnen vielleicht die Gebärmutter erhalten, aber es wird dafür Ihre Seele zerfetzt, Sie werden todsicher für Doppelbetrug noch viel höher bezahlen. Sie betrügen zwei Männer und am meisten sich selbst. Sie werden reif für den Psychiater.

Frauen, die sich ihrem Mann gegenüber nicht öffnen wollen, wollen nicht geben, nicht teilen, nicht schenken.

Also, Männer, wir haben wieder was gelernt. Heiraten Sie ja keine Madonna! Lassen Sie sie keinen Millimeter an sich ran. Sie plant Ihr Unglück, nicht Ihr Glück. Machen Sie sie gnadenlos zum Single, sonst macht sie Ihnen einen Prostatakrebs. Oder Sie werden zum wildgewordenen Affen durch ein solches Kind.

Die infantilen Frauen haben den größten Quatsch aller Zeiten verbreitet und damit schon wieder dem Mann alles in die Schuhe geschoben. Sie behaupten einfach, in jedem Mann stecke ein Kind. Nein, die Sache sieht ganz anders aus. Die Mädels sind Kinder geblieben, nie Frauen geworden.

Warum diffamieren sie uns? Damit keiner merkt, daß sie die Unreifen, die Unterentwickelten, die Kindlichen sind.

Männer spielen mit Modelleisenbahnen, lassen Drachen steigen, spielen mit den Kindern in der Badewanne, blödeln mit Verkäuferinnen, können im Bad einen Handstand machen und Luftballons loslassen. Männer sind offen, humorvoll, können den einfachen Dingen des Lebens Freude abgewinnen, weil sie nicht kalt berechnend und stumpfe Arbeitstiere, sondern Menschen sind. Wir können uns schon freuen über ein Papierschnipsel, das von einem Aussichtsturm flattert. Männer spielen nicht, weil sie Kinder, sondern weil sie Menschen sind.

Im Grunde genommen verachten Frauen alles, was keine Kohle einbringt, sondern nur kostet. Sie würden nie zweitausend Mark für einen ferngesteuerten Hubschrauber ausgeben.

Wir spielen und toben gern mit Kindern, weil wir Freude dabei empfinden. Wir würden alle noch Drachen steigen lassen, wenn die Frauen nicht darüber meckern würden. Sie haben doch den ernsthaften Mann gezüchtet, nicht wir.

Was sollte unser Nachwuchs denn lernen bei einer Frau? Das straffe, freudlose, sklavische Arbeiten, das geistlose Häkeln und Stricken, das feminine Roboterdenken, das stumpfsinnige, phantasielose Rumquatschen? Männer bauen Sandburgen am Strand, Frauen sonnen sich.

Mein Sohn mußte in der Schule das Stricken lernen, weil das die trockenen, linken Lehrerinnen so wollen. Aber er strickt nie wieder, wollen wir wetten? Er sollte es mir zeigen, er wollte nicht.

Kaum taucht eine Frau in einer lachenden Männerrunde auf, stirbt die Fröhlichkeit auf der Stelle. Deshalb wollen Männer gern mal unter sich sein. Wir können blödeln, daß uns vor Lachen die Tränen kommen. Aber in Gegenwart von Frauen geht das nicht, weil wir Rücksicht auf das Kind in ihr nehmen müssen, das genährt, tief verstanden, geführt, gehätschelt, geliebt, ja nicht verletzt und in Ruhe gelassen werden will vom Mann, der Mamarolle für sie spielen soll.

Klar gibt es auch infantile Männer. Und auch das fällt auf die Frauen zurück. Infantile Männer hatten ausnahmslos infantile Mütter, die mit Angst und starren Regeln ein Erziehungsprinzip anwendeten, das dem Sprößling keinen Raum zur freien Entfaltung ließ.

Infantile Frauen erkennt man an ihrer argen Verletzlichkeit. Ein falsches Wort, und der Abend ist verdorben. Eine falsche Bewegung, und die Welt bleibt trocken.

Kritisiere ein Kind, und es bockt, lobe es, und es strahlt. Das stimmt ja auch. Kritisiere eine Frau! Wenn sie bockt, dann weißt du Bescheid.

Das Tragische an der unreifen Frau ist aber noch ganz was anderes. Daß es erst mal tragisch für einen Mann ist, an ein solches Kind zu geraten, ist logisch. Sie sucht einen Papa, keinen Mann. Den sucht sie dann in fremden Betten. Den eigenen lutscht sie emotional aus, sie ist parasitär, ein Vampir. Kinder nähren sich alle emotional von ihren Eltern, Kinder kosten manchmal auch Kraft. Die tanken wir aber wieder auf durch die Freude, die wir an ihnen haben. An der unreifen Frau kann ein Mann keine Freude haben, deswegen wird sie für uns so gefährlich. Aber ihre eigene Tragik ist ja, daß sie nicht lieben kann. Sie wird in jeder Beziehung scheitern.

Lieben ist die aktive, gesunde, natürliche Form des Lebens, ist dessen Sinn und Inhalt. Wer liebt, auch wenn er nicht wiedergeliebt wird, steht unter dem Schutz der Natur. Sich lieben lassen, das ist für Erwachsene die verkehrte, krankmachende, selbstvernichtende Form menschlichen Lebens. Lieben und geliebt werden, das ist natürlich das Beste. Denn wenn ich bloß ins Leere liebe wie die Romantiker und Lyriker, dann vertrockene ich auch mit der Zeit.

Wer nichts liebt außer sich selbst – meistens verachten sich die verschlossenen und infantilen Frauen auch noch selbst –, der scheitert gnadenlos und unerbittlich.

Ich rate zur größten Vorsicht vor einer Frau, die nicht positiv denkt, die an Männern keinen guten Fetzen findet und die nicht herzhaft lachen kann. Meiden Sie die ängstliche Körnerfresserin, für die ein Stück Zucker schon der Weltuntergang ist. Manche quälen sich damit selbst, und einige wollen sogar von Männern gequält werden.

Ich sah mir einen Sexfilm an, in dem sich zwei Frauen mit Brennesseln schlagen. Ich wollte die Perversion, die Verkehrung der Gefühle verstehen lernen. Das kann man nicht verstehen, wenn man nicht verkehrt ist. Also, ich kann auch keine Frauen verprügeln, bloß weil sie negativ gepolt sind. Es gibt Frauen, die mit Gewalt genommen werden wollen, liebe Frauenrechtlerinnen. Was soll man in einem solchen Fall von dem Gerede von der Gewalttätigkeit des Mannes halten?

Ich bringe es jedenfalls nicht übers Herz, eine zarte, süße Frau zu schlagen, damit sie zu ihrem Orgasmus kommt. Soll ich mich auch zerstören? Oder ist das gar ein Frauengeheimnis? Vielleicht will die Frau gar keine Zärtlichkeit, sondern die Vergewaltigung?

Wenn ich noch nie eine Frau im Arm gehabt hätte, die mit Zärtlichkeit etwas anfangen kann, wäre ich schnell ganz schön irre geworden an mancher Frau. Wenn ich mir vorstelle, daß ein Mann als erste eine Perverse hat – wie soll er denn ein zärtlicher Mann werden?

Perversitäten mögen ja bei Frauen, die in der Kindheit nur Prügel und Ablehnung erfuhren, für eine Weile wie eine Droge wirken oder als die Lösung ihres Konfliktes erscheinen, als Heilmittel. Aber ich kann es mir nicht vorstellen. Drogen zerstören immer mehr.

Was Frauen bedenken sollten

In den Medien und in den Zeitungen findet frau sehr viele Beiträge mit Ratschlägen und Meinungen über das Zusammen- oder Getrenntleben. Ganz selten äußern sich in der Öffentlichkeit echte, gefühlsfähige Frauen. Meistens sind es solche, die mit sich selbst und demzufolge mit dem Mann nicht klarkommen.

In der »Bild« vom 7.6.91 schreiben drei Frauen zynisch und verklemmt in dem Artikel »Ich nehme mir die Männer je nach Lust«. Silvia K. schickt ihre Liebhaber zum Aids-Test, wenn sie mal keinen hat, nimmt sie den Vibrator. Sie hat auch eine erstaunliche Entdeckung gemacht und sagt: »Wenn Männer merken, daß man es auf sie abgesehen hat, werden sie ganz lieb.«

Bärbel G., der Prototyp der männergefährlichen Frau, läßt unverhohlen raus: »Männer, die mir gefallen, nehme ich mir einfach und sauge den Honig aus ihnen raus. Wenn die erotische Spannung nachläßt, beende ich die Geschichte.« Wenn ihr ein Mann Schwierigkeiten macht (mit Zahnbürste und Oberhemden anrückt), zeigt Bärbel ihm die »rote Karte« und verbannt ihn vom Spielfeld. Die »Bild« schreibt weiter: Und dennoch träumt sie von der großen Liebe.

Sabine S. genießt es, in der Liebe die Entscheidende zu sein und jede Beziehung wieder zu beenden, wenn es nicht mehr prikkelt.

Das sollen alles selbstbewußte Frauen sein. Die Psychologin Sybille Weber meint sogar: »Männer, die an solche Frauen geraten, haben im Prinzip großes Glück. Denn sie können sicher sein, in der Zeit des Zusammenseins wahrhaft geliebt zu werden. Das ist Liebe zwischen gleichrangigen Partnern, keiner unterdrückt den anderen. Das ist pure Liebe, das sind große Gefühle.«

Wenn sie sich da nur nicht irrt.

Frauen, die in den Medien Rat suchen, gucken wie Betrunkene in den Krimi.

Grundsätzlich fühlen sich Frauen nicht wohl, wenn sie erobern. Und diese drei zitierten Mädchen erobern nicht, jede Wette. Sie lassen sich erobern von ganz bestimmten Typen. Dieses Thema haben wir schon erledigt. Nur noch eine Frage: Hat jemand schon mal gesehen, wie eine Kuh einen Bullen über die Wiese jagt, um ihn über sich zu bringen oder zu zwingen?

Die Psychologen befassen sich berufsmäßig mit der Psyche des Menschen und leiden nicht selten selbst unter seelischen Defekten. Deshalb studieren sie die Seelenkunde, um ihren eigenen Macken auf die Spur zu kommen. Es gelingt ihnen selten. Aber nun sind sie Wissenschaftler, eröffnen Praxen und schreiben Artikel.

Der kranke Psychotherapeut ist für Hilfesuchende eine riesengroße Gefahr. Der verkauft nicht selten seine eigene Macke, seine Irrungen als Heilmethode.

Wie findet frau nun den richtigen Therapeuten? Fragen Sie ihn danach, was er tut und nicht nach seinem Denken. Es geht oft um Ihr Leben, Ihr Glück, da haben Sie ein Recht darauf, daß sich der Meister des Lebens vor Ihnen die Hosen auszieht. Fragen Sie ihn nach seinen eigenen Erlebnissen, nach seinen intimsten Erfahrungen mit dem anderen Geschlecht. Wenn Sie mit Ihren Partnerproblemen und Ihren Irritationen zu einem homosexuellen Psychologen gehen, sind Sie selbst schuld, wenn die ganze Sache zu nichts führt. Da ist es viel besser, Sie legen sich an einem warmen Sommerabend ins Gras und fragen die Sterne oder von mir aus auch ein Stück Holz. Die Antworten auf unsere Fragen ruhen meistens in uns selbst und sind von der Feigheit verschlossen und von der Faulheit versiegelt. Einen verschlossenen Menschen kann vielleicht ein offener öffnen, wenn er ein lebenserfahrener Menschenkenner ist, der mit sich selbst zurande kommt. Aber das geht nur für Augenblicke. Einen wirklich verschlossenen Menschen öffnet nur das eigene, richtige Handeln oder ein Wunder. Meistens bleibt er zu bis zum Tode.

Frauen, die an wirklich gewalttätige Chaoten, an suizidgefährdete Schwache, an völlig introvertierte Männer geraten, müssen auch bei sich selbst suchen, woran das lag. Nicht selten leiden sie unter den gleichen Veranlagungen, oder sie besitzen einen übertriebenen Mutterinstinkt und wollen den Jungen heilen. Ohne psychologische Kenntnisse geht das nicht, wenn es überhaupt geht.

Es ist nicht mehr mitanzuhören, wie die Frau sich überall in der Opferrolle spiegelt, während sie dem Mann die Rolle des Schlächters aufdrücken will.

Die Gerichte kennen schon seit langem kein Schuldprinzip mehr. Wie oft hört man, an Konflikten sind immer beide Seiten schuld. Es geht gar nicht um Schuld und Unschuld, es geht um Fähigkeit und Unfähigkeit. Und es kann sehr wohl einer der Unfähigere sein. Das zu beurteilen sind die Richter in der Regel nicht fähig, darum geht es bei Scheidungen um Fakten. Bei oder vielmehr vor Eheschließungen müßten sich die Kandidaten testen lassen. Aber wo gibt es diese Institution?

Frauen, die einen Mann heiraten, der sie nicht berühren, küssen, verstehen kann, obwohl sie es sich wünschen und selbst bringen, sind schlichtweg dumm. Wir Männer sind anders erzogen und haben andere Erfahrungen gemacht. Frauen lassen sich lieben und verwöhnen. Der Mann merkt daher oft nicht, daß er betrogen wird um seinen Anteil. Wenn natürlich die Frau auf ihrem Urwaldverhalten besteht und den Körper des Mannes nicht so annehmen kann, wie der Mann den ihren, dann lassen wir am besten das ganze Gerede von der Liebe. Dann ist die Frau nicht fähig, die männliche Sehnsucht nach Liebe zu erfüllen. Also, wenn ich es nicht wüßte, daß es zärtlich-wilde Frauen gibt, ich wäre schon längst im Urwald oder im Bordell, was auf das gleiche hinauskommt.

Wenn Frauen von der großen Liebe träumen, sollten sie sich überlegen, was sie dabei für eine Aufgabe zu übernehmen haben.

Wenn sie den Mann lieben, wird der ganz lieb. Langsam scheint es bei den Frauen zu zünden. Aber Lieben ist auch ein bißchen mit Arbeit verbunden, bißchen Wackeln kostet Kraft, kostet Schweiß. Der Lohn ist kurz.

Und wenn die Frauen ihr Urwaldverhalten und Honigsaugen nicht lassen können, dann sollen sie es sagen. Nachdem wir sie bespringen durften, werden wir in die Kneipe gehen oder irgendeinen Unsinn anstellen. Was sollen wir denn sonst machen? Ungeliebte Männer stellen nur Unsinn an. Und wenn wir das Urwaldprinzip der Frauen nicht ändern können, machen wir die Zivilisation zum Urwald, ganz wie es die Damen wünschen.

Abtreibung? Ja oder nein?

Also ich bin dafür. Viele liebesunfähige Frauen wünschen sich Kinder, wenn sie mal eine selige Sekunde erleben. Normalerweise wollen sie keine Kinder, und das ist gut so. Wenn sie total zu sind, erhoffen sie sich von einem Kind die emotionale Nahrung, die sie selbst entbehren mußten, das heißt, sie wollen das Kind verwenden zu einem narzißtischen Zweck. Das Kind bekommt nichts, wird also wie die Mutter. Es hat keinen Sinn, und darauf sollte man die Frauen schonungslos, aber liebevoll hinweisen. Wenn sie keinen Mann finden, was sehr wahrscheinlich ist, und sich daher ein Kind klauen, dann müßte die Rechtsprechung den Mann von jeder Verpflichtung entbinden. Dann treibt es die Frau erst gar nicht so weit. Zur Zeit – und da sind sich die Männer ziemlich einig – ist die Welt männerfeindlich eingerichtet. Überall schleichen sich die Frauen in die Ämter und installieren, zementieren das Matriarchat zu unserem und zu der Kinder Schaden.

Millionen von Kindern wachsen bereits ohne Vater auf. Und die Chaoten mehren und mehren sich. Ich will damit keinesfalls sagen, daß alleinerziehende Frauen nur Chaoten erziehen. Die narzißtischen tun es aber auf alle Fälle. Niemand kann es wagen, das zu bestreiten.

Wenn Männerhasserinnen und Lesben dem rein biologischen Trieb folgen und sich den Kinderwunsch erfüllen, dann kann ich nur sagen, die spinnen.

Über die Naivität der katholischen Kirche kann man nur staunen. Mit einem fremden Arsch läßt es sich bekanntlich gut durchs Feuer reiten. Die Abtreibung ist unsere Chance.

Ich würde sogar folgendes vorschlagen. Wenn der Mann das Kind nicht will, dann sollte das bereits genügen, um die Abtreibung vorzunehmen. So manches Kinder- und Männerelend wäre damit aus der Welt.

Wo bleibt das Recht des Mannes? Wieso dürfen wir nicht gleichberechtigt mitentscheiden?

Das Recht für Frau und Mann auf Abtreibung kommt, das sollte für Deutschland zumindest erst mal klar sein. Die Medizin beherrscht das Problem mühelos. Und die seelischen Konflikte der verwehrten oder sich selbst verwehrenden Frau werden nicht durch Abtreibungen hervorgerufen. Sie sind schon da und haben damit nichts zu tun. Das geht jetzt voll an die Adresse jener, die gegen die Abtreibung, und erst recht an jene, die gegen die Verhütung sind.

Erkennt eine Frau, daß der Vater ihres Kindes nicht zum Vater taugt, dann sollte sie schleunigst die Abtreibung vornehmen. Möchte sie trotzdem das Kind, müßte sie es allein ernähren. Sie hat die Wahl. Ist der Mann gleichberechtigt, wird er sich, wenn er unfähig ist, kein Kind von einer Frau wünschen. Sie müßte sich dann dem Gesetz beugen. So oder so, die Sache ist geregelt. Erkennt der Mann, daß die Frau unfähig ist – wir zeugen leider oft schneller, als wir erkennen –, dann kann er ihr das Kind verwehren.

So müßte es doch gehen?

Nachdem das Geschrei der Emanzen vorbei ist, sollten wir die Sache in Ruhe besprechen. Sie geht Frau und Mann an, und ich denke, sie geht vor allem das Kind an.

Mir läuft noch heute ein kalter Schauer über den Rücken, wenn ich an einen Zeitungsartikel denke, der mir im vorigen Jahr in die Hände fiel. Darin wurde berichtet, daß ein junger Vater mit Blumen an das Wochenbett seiner Gefährtin geeilt war und dort von ihr in den Wind geschossen wurde. Sie sagte ihm, sie wolle das Kind ohne ihn großziehen. Niemand empörte sich in Deutschland über diese Frau. Ich bedaure das arme Kind und den Mann. Das Kind hat eine schwer verhaltensgestörte egozentrische Mutter, die sich emotional von anderen nähren lassen will. Das Kind kann eine solche Anforderung nicht erfüllen und wird deswegen von der Mutter gehaßt. Sie wird das nicht zugeben oder sogar zeigen vor der Welt. Man kann es an dem Kind sehen, das eines Tages ausgesaugt zusammenbrechen wird, wenn es nicht das Glück hat, von anderen Familienmitgliedern emotional genährt zu werden. Von der Oma ist nicht viel zu erhoffen, aber der Großvater könnte was retten.

Im Extremfall bringt die Mutter ihr Kind sogar um, oft schon in den ersten Tagen, wenn sie merkt, daß das Kleine ihr keine Liebe gibt, sondern welche braucht. Das ist der einzige Grund, warum Frauen ihre Säuglinge nicht annehmen.

Pille, sexuelle Revolution und Orgasmuskult

War alles Männerwunschdenken! Solange noch Angstfrauen rumlaufen, wird es das auch bleiben.

Viele Frauen haben Angst vor der Liebe, vor der vollkommenen Intimität. Mit Angst kann kein Mensch lieben.

Die Angstfrauen haben folgende Methode entwickelt. Es zieht sie ja trotzdem zum Mann, solange sie sich nicht von den Emanzen einfangen lassen. Sie riskieren einen längeren Blick. Das nennen sie das neue Selbstbewußtsein der Frau oder Männernehmen. Weiter tun sie nichts. Diese Schlauen haben endlich rausgekriegt, daß der Mann den Rest besorgt und sich aufs Spendieren und Geben glänzend versteht.

Und nun machen die Männer ihre Fehler. Die Kleine geht mit ihnen essen und spazieren. Aber sie geht nicht für eine lange, zärtliche Nacht mit ihnen ins Bett. Sie macht irgendwo die schnelle Nummer, ohne Orgasmus. Für diese Gnade zahlen die Männer mit der Verantwortung für alles weitere, was geschieht, egal, ob es für ein gemeinsames Leben oder für den schnellen Abschied ist. Wenn sie merkt, daß er mehr drauf hat, als den kurzen Begattungsritt, dann winkt ihm der schnelle Abschied. Und wenn sie es nicht so merkt, dann darf der Mann vielleicht länger in ihrer Gunst bleiben, wird aber nie zu einem erfüllten Männerdasein finden. Falls er einfach wieder geht, weil er schon zuviel weiß, schimpft sie über den Wolf im Schafspelz.

Die Angstfrauen erwecken im Mann den Eindruck, daß er alles

falsch macht und ein Versager ist. Sie ist aber die Versagerin. Im Urwald würde man sie bespringen, wenn sie heiß ist, sie dabei befruchten und danach wieder auf die Jagd gehen oder sich ans Feuer zu den anderen setzen. So könnte man mit Angstfrauen leben.

Wenn eben keine heiß ist, tanzen sich die Männer mit Kulttänzen den Sexualtrieb ab.

Wie locken wir nun die Frauen von den Bäumen runter? Wir versuchten es bis jetzt vergeblich mit Liebe, mit Gefühl, mit der Pille, der sexuellen Revolution und nun noch mit dem Multi-Orgasmus, den zu erzeugen nur Schauspieler in der Lage sind.

Was ist denn aus der sexuellen Revolution geworden? Weiter nichts als ein Geschäft für die Frauen. Sie verkaufen uns ihre herrlichen Äpfelchen flach und kalt auf Papier gedruckt. Was man nie ins Bett bekommt, das legen einem die Fotografen flach auf den Tisch, so flach, daß kein Weg reinführt.

Gummipuppen haben sie für die Männer hergestellt, damit die wenigstens was zum Anbalzen haben. Die Frauen sitzen lieber in ihren Einpersonenhaushalten vor den Fernsehern. Auf die Idee, Männer aus Gummi herzustellen, damit Frauen auch was zum Anbalzen haben, ist noch keiner gekommen. Ist doch komisch?

Revolutionen sind ja bekanntlich alle zum Scheitern verurteilt. Sie wollen Ideen verwirklichen, und die sind alle falsch. An der sexuellen Revolution war auch was falsch. Die Kommunisten wollten ihren Haß in Liebe ummünzen. Das geht nicht, wie wir gesehen haben. Und wie sollte die sexuelle Revolution trockene Frauen feucht machen? Das soll uns mal einer verraten.

Wer schleicht denn in den Sexshops rum? Nur die, die schon immer wissen, wo es langgeht. Glaubt denn jemand, die gehen da rein, um was zu lernen, um sich freizumachen, zu öffnen? Warum gehen die Frauen nicht in die Sexshops?

Darüber müssen wir Männer überhaupt nicht nachdenken. Das überlassen wir den Frauen.

Das Geschäft mit dem Sex

Immer wieder liest und hört man, das Geschäft mit dem Sex machen die geldgierigen, schurkischen Zuhälter. Arme Frauen und ahnungslose Mädchen werden gezwungen, sich zu verkaufen. Unsinn! Die meisten Prostituierten verkaufen den Sex ganz allein, niemand auf der Welt hat sie dazu gezwungen. Viele Prostituierte waren sogar verheiratet. Sie mieten sich in Nürnberg, Essen oder Hamburg ein Zimmer in den Bordellstraßen, und los geht's mit dem leichten Geldverdienen. Eine freischaffende »Liebesdienerin« schafft mühelos das Mehrfache einer Arbeitnehmerin in ihre Tasche und lacht sich eins über die fleißigen Fließbandarbeiterinnen und die Emanzen, die an der Befreiung der Prostituierten wursteln wollen.

Junge Frauen wollen echte Liebe. Man freut sich immer wieder, wenn sie im Freibad über ihre jungen Freunde herfallen und knutschen wollen. Warum machen das ältere, reifere Frauen nicht mehr? Sie wollen nicht lieben, sie wollen besitzen. Und dazu wenden sie ihr altes Urwaldverhalten und Mütterleins Tricks an. Das verkorkste Weib will nicht ständig begattet werden. Diesen Männertraum sollten wir endlich austräumen.

Es läuft im Leben alles genau so wie im Märchen vom Fischer und seiner Frau. Diese verwendet ihren Mann nur, um Königin zu werden. Es juckt sie nicht, daß ihr Alter draußen irgendwo am offenen Feuer sitzt und sich ein Fischsüppchen kocht, während sie im Schloß im Überfluß schwelgt.

Glücklich ist der Fischer – jedenfalls im Märchen. Seine nimmersatte Alte ist es nicht. Eigentlich können sie ja beide nicht glücklich sein. Aber was schert das schon die Frau? Sie besitzt Macht und Reichtum. Einen Mann braucht sie nicht.

Nimmersatt, das dachte man früher ganz naiv in irgendwelchen Studierzimmern, ist das Weib von Natur aus im Bett. Ich kenne keinen einzigen Mann, der so ein nimmersattes Weib hätte.

Auch hier hat man alles rumgedreht. Dichter, die mal an eine Nymphomanin geraten sind, posaunten ihre schiefe Erfahrung gleich als kluge Weisheit aus. Meistens werden sie gar nicht an eine Nymphomanin geraten sein, sondern in ihren Spinnstuben nur von einem nimmersatten Weib geträumt haben.

Trauen Sie den Dichtern nicht!

Der Mann ist immer fähig, nimmersatt kann man das nicht nennen. Die Frau ist nimmersatt nach dem schillernden Zeug, aber nicht nach dem Mann.

Da spielt, schreibt oder singt sich einer zum Star und verdient Millionen. Und was passiert? Die Frauen umschwärmen ihn wie die Fische den verletzten, unreifen Schwamm am Meeresgrund, aus dessen Wunde nährstoffreiche Substanzen strömen. Geld ist der Nährstoff der Frauen, Liebe der Nährstoff des Mannes. Das war schon immer so, und das wird auch so bleiben. Der Mann muß für die Liebe zahlen, ob er nun verheiratet ist oder nicht.

Wenn die Männer so mutig wären, einen Teil ihres Einkommens offiziell für Bordellbesuche abzweigen würden, würden sich die Frauen nicht mehr so ohne weiteres verweigern und ins Grübeln kommen, ob sie sich die tausend Mark im Monat nicht selbst verdienen sollten.

Wir leben mit der Frau in einer Art Symbiose, ganz selten in einer echten Partnerschaft. Die Frau will für die Liebe eine männliche Gegenleistung außerhalb des Bettes. Und diese muß ihren Vorstellungen und Wünschen entsprechen, sonst ist bei ihr der Ofen aus.

Ein gutaussehender Bettler wird immer ein Bettler bleiben, weil er faul, meistens töricht und oft noch versoffen ist. Er hat keine Chance bei auch nur einem einzigen Weib auf dieser Erde. Sie sind das letzte, was eine Frau begehren würde.

Dem Gesetz der Frau müssen wir uns beugen, ob es uns nun paßt oder nicht. Mit Geld ist der Mann was wert, mit schönen Gedanken kann er sich nur selbst einspinnen. Frauen tun so, als liebten sie den schlauen Mann. Sie können ja gar nicht anders. Aber wenn das Spinnen kein Geld bringt, denken sie garantiert, der Kerl könnte eigentlich mal arbeiten gehen, um endlich Anziehungskraft auszustrahlen.

Es gibt reiche Männer, die wahrlich keine Schönheiten sind. Über einen Mangel an Frauen können sie sich jedenfalls nicht beklagen.

Die Kirche hat der Sexualität das Wort befleckt aufgedrückt, und ich meine, sie sollte da endlich mal was korrigieren. Das Weib hat die ganze Sache befleckt, weil sie für Liebe Geld will. Die paar Männer, die auch Liebe verkaufen wollen an alleinstehende, ältere Damen kann man nicht mit dem Millionenheer von Prostituierten auf der Welt vergleichen.

Also, Asexualität und Verweigerung sind die Sünden. Keiner kann es heute beim Stand der Erkenntnisse der Psychologie wagen, das auch nur im geringsten anzuzweifeln. Und diese Sünden bestraft der liebe Gott gleich auf der Stelle und nicht mit einem Fegefeuer in der Hölle. Bestraft wird mit Einsamkeit, Migräne, Allergien und Depressionen. Wer nicht richtig liebt, wird bestraft. Ist doch auch ganz richtig so, oder?

Wenn frau singt: »Ich habe Migräne, weil ich mich sehne, ich will geliebt sein und noch viel mehr«, dann wissen wir jetzt, daß frau da einem kleinen Irrtum unterliegt. Sie soll sich mal richtig verlieben, da wird sie schon sehen, was sie plötzlich für einen gesunden Appetit bekommt und wie die Migräne verfliegt, wie die Welt plötzlich wunderbar wird. Sich lieben lassen, und da sind die Frauen Weltmeister in dieser komischen Disziplin, das ist in unseren Männeraugen Sünde und Betrug an sich selbst.

Ein unerfahrener Mann kann ganz schnell zu dem Fehlschluß gelangen, Frauen seien grundsätzlich schizophren. Sie suchen die Nähe eines Mannes, der sie psychotherapeutisch (wenn es geht, natürlich kostenlos) berät, und einen anderen, der sie beschläft und nicht merkt, wie schön er betrogen wird. Denn, das muß man wissen, viele Frauen schlafen nur mit dem Mann, damit sie sich bestätigen können, daß sie noch einen Hauch von Weib in sich tragen. Frauen, die so leben, die zerreißt es mit zunehmendem Alter immer mehr, bis sie tatsächlich schizophren werden oder endlich den finden, der Psychologe und Mann in einem ist.

Es gibt immer mehr von diesen Männern, aber die Mädels finden sie nicht. Er steigt nämlich nicht einfach mit ihnen ins Bett. Er ist erfahren genug, um zu wissen, mit welcher Furcht die Kleine ins Bett kriecht und wie schrecklich für sie die Erkenntnis ist, daß mit ihr etwas nicht stimmt.

Meistens machen sie also nur Sex mit einem unerfahrenen, jüngeren dummen Mann, der nicht kapiert, um wieviel echtes Weib er übers Ohr gehauen wird.

Wenn sich Amor und Psyche küssen, ist die Welt in Butter. Aber wie hat man das gedeutet? Amor ist nicht der Mann, Psyche ist nicht die Frau. Viele Bildhauer stellten das so dar, ohne eine Ahnung davon zu haben, was dieser Kuß bedeutet. Ein Mensch ohne Liebe im Herzen ist ein dummer Spinner. Erst die Liebe richtet alles aus und entwirrt die wüsten Gedanken.

Frauen sind unbarmherzig. Deswegen verkaufen sie auch die »Liebe«.

Ich habe mir die Mühe gemacht, achthundert Annoncen in einem Kontaktmagazin auszuwerten. Das Ergebnis spricht Bände. Folgendes kam dabei heraus:

578	Männer suchten eine Frau
7	Frauen suchten einen Mann
109	Frauen boten Fotos und Dessous gegen Bezahlung an
58	Paare suchten Paare
26	Paare suchten eine Frau
16	Frauen boten ihre privaten Videos an
6	Paare suchten einen Mann

Der Mann, der in der Hoffnung ist, über ein Kontaktmagazin ein williges Weibchen zu finden, das keine finanziellen Interessen hat, hat so gut wie keine Chance. Wenn eine rassige Strapsmaus einen verständnisvollen, älteren Kavalier sucht oder eine Korsettliebhaberin einen interessanten Mann, frage ich mich, ob sie nicht nur einen gefüllten Geldbeutel finden wollen. Nun kann ja eine kommen und sagen, naja, was sind denn das für Leute, die über Kontaktmagazine einen Partner suchen? Die haben sie sowieso nicht alle und wollen nur Sex.

Was sind das für Männer, die in den 578 Annoncen nach einer Frau suchen? Es sind Geschäftsleute, Unternehmer, Millionäre und einige Studenten, die ihr Taschengeld bei einer älteren Dame aufbessern wollen. Es sind sehr viele darunter, die ganz naiv nach einer Frau suchen, die finanzinteressenlos mit ihnen im Bett schöne Stunden verbringen will. Einige wollen von einer erfahrenen Frau in die Bettgeheimnisse eingeweiht werden und ihre Schüchternheit überwinden. Viele suchen eine dominante Dickbusige, die sie mal richtig rannimmt, ohne finanzielle Interessen. Die Hälfte der Männer bietet Großzügigkeit an, also Geld und materielle Werte. Warum gehen die nicht ins Bordell? Die haben den lieblosen Laden satt, wollen was Festeres und vielleicht was für sich allein. Die haben Kondome satt oder Angst vor Aids und vor dem gierigen Schachern der Prostituierten.

Es sieht jedenfalls böse aus für den Mann.

Am getragenen Schlüpfer darf der Mann mal schnuppern, wenn er dreißig Mark in einen Brief steckt und dann einige Wochen auf den weiblichen Hauch warten kann.

Der Mann muß das Lieben lernen? Hat schon jemand einen Mann gesehen, der seine getragenen Unterhosen in Kontaktmagazinen den Frauen anbietet? Na, vielleicht kommt das auch noch. Wieso fand ich unter den achthundert Annoncen keine einzige von einem Mann, der bei Antwortschreiben Rückporto verlangt? Diesen Wunsch hatten ausschließlich nur die Frauen. Sie sind so geizig, daß sie sogar Rückporto verlangen, wenn sie schon mal gnädigerweise antworten sollten. Oder verbirgt sich hinter dem Rückporto noch was anderes?

Was wirklich nach der Veröffentlichung der Kontaktadressen geschieht, wird kein Mensch in Erfahrung bringen. Vielleicht meldet sich wirklich eine Frau, die finanzinteressenlos nur das eine im Kopf hat. Wer's glaubt, kann träumen.

Frauen brauchen sich zu diesem einen Zweck nur fünf Minuten in eine Disco zu stellen, sich einen Typen auszugucken, ihm zehn Sekunden tief in die Augen zu blicken, und schon hängt der Gute an der Angel. Stimmt's, meine Damen? Sie haben mir ja selbst erzählt, wie einfach alles ist, wenn Sie nur wirklich wollen.

Eines ist für uns Männer ganz klar. Wir müssen schaffen, schaffen und schaffen, unerbittlich und leider grenzenlos. Das will und braucht das Weib. Ein Mann, der nicht schafft, der ist erst recht verloren.

Frauenliteratur

Ich glaube nicht, daß Männer jemals fähig sein werden, so bösartig und haßerfüllt über Frauen zu schreiben, wie es die Feministinnen in ihren Zeitschriften über das männliche Geschlecht tun. Frauenhaß ist die schrecklichste Waffe, die es überhaupt geben kann auf der Welt. Phallusartige Raketen sind Knallerbsen dagegen.

Ich wette, es existiert keine einzige Emanze, Feministin, Lesbe oder Verklemmte auf der Welt, die eine liebesfähige Mutter hatte. Man kann es nicht oft genug wiederholen, Männerhasserinnen lenken ihre bösen Gefühle nicht auf deren Ursprung, sondern auf Ersatzobjekte, die Männer. Würden sie ihren Haß dahin werfen, wo er eigentlich hingehört, um erkannt und besiegt zu werden, also auf die Mutter, müßten sich die Zickigen zusammen mit ihr vom Sockel holen, anschließend selbst betrachten, erkennen und ändern.

Mit welcher Arroganz die Selbstgestrickten und Phallusgegnerinnen ihre eigenen Mängel übersehen, das ist Schizophrenie in Höchstform. Und es ist Selbstvernichtung.

Ich kenne viele Frauen, die Männer hassen. Mich verschonen sie damit, weil ich ihnen keine Gelegenheit mehr gebe, ihr Fehlverhalten an mir auszutoben. Wie sie trotzdem hinter meinem Rücken sprechen, kann ich schon ahnen. Voller Liebe und Verständnis sicherlich nicht. Wo soll das plötzlich herkommen? Sie würden sogar den Märchenprinzen, von dem sie immer träumen, daß er sie aus der Höhle des mütterlichen Drachens befreit, runtermachen, falls der plötzlich vom Himmel fallen sollte.

Eins ist sicher, Männerhasserinnen hassen eigentlich sich selbst.

Und solange sie sich nicht den ureigensten Problemen des weiblichen Geschlechtes stellen, kochen sie weiter im eigenen Saft und programmieren ihr lebenslanges Unglück.

Sogar ihrer erhöhte Selbstmordrate schieben sie dem männlichen Geschlecht in die Schuhe wie alle ihre Probleme.

Ich kann Männern, die an eine Feministin oder ähnlich gelagerte Blockierte geraten sind, wärmstens die Frauenliteratur empfehlen, wenn sie die Misere ihres Lebens endlich verstehen wollen. Lesen Sie mal die »Emma«, auch wenn Ihnen schlecht dabei wird. Ein Heft reicht vollkommen aus, einmal kann man das schon ertragen. Man muß da durch. Der Lohn ist sicher, man kann leichten Herzens eine verhaßte Frau verlassen, vor allem, wenn man keine Kinder mit ihr hat. Der Haß einer Frau ist mit Sicherheit der Ruin des Mannes, er bringt ihm den frühzeitigen Tod. Allein lebt man zwar nicht glücklich, aber ohne den Haß einer Frau steht man mit einem Bein schon im Paradies.

Blättern wir doch mal in der *Emma* Nr. 6/91, dem Magazin von Frauen für Frauen. Da feiert man also zwanzig Jahre Frauenbewegung. Die deutsche Frau begann ihren Aufstand am 6. Juni 1971 mit der *stern*-Ausgabe, in der 374 Frauen sich öffentlich dazu bekannten, illegal abgetrieben zu haben. Noch im April 71 klagt das Hamburger Frauenblatt »Deutsche Frauen verbrennen keine Büstenhalter und Brautkleider, stürmen keine Schönheitskonkurrenzen und emanzipationsfeindlichen Redaktionen, fordern nicht die Abschaffung der Ehe und verfassen kein Manifest zur Vernichtung der Männer. Es gibt keine Wut.«

Das muß man sich mal auf der Zunge zergehen lassen.

In New York und Paris hatten das die Frauen schon 1970 erledigt, in Deutschland taten sie es später auch. Ich glaube, sie wollen uns nicht vernichten, sondern nur kastrieren. Also was Schlimmeres vollbringen und den Dritten Weltkrieg anzetteln.

Was ich besonders bemerkenswert finde, das ist der letzte Satz der Klage. Ich setze für Wut nur das Wort Haß. Die deutschen Frauen hatten also ihren Haß auf die Mutter und auf sich selbst unterdrückt und noch nicht erkannt, daß sie ihn am feigen, unschuldigen Mann austoben können. Das taten sie später aber noch recht gründlich, und sie tun es heute immer noch. Der feige, deutsche Mann stirbt seitdem häufiger an Herzinfarkt als früher, wollen wir wetten?

Und jetzt muß der feige, deutsche Mann einfach gegendrücken, so wie er es früher getan hat. Den weiblichen Haß zurückzudrükken, ihn nicht zu akzeptieren, das diffamieren die Emanzen als Patriarchat, als Männerherrschaft und Unterdrückung. Dabei ist das unsere einzige Chance des Überlebens. Den Blitzableiter spielen, das Spiel muß seinem Ende entgegengehen.

Der Softie hat es versucht, dem Weiberhaß mit Weichheit und Tränen zu begegnen. Indem er weich wurde und seine Persönlichkeit zurücknahm, konnte sich der Haß seiner »Geliebten« von ihm ablenken auf den Rest der Männerwelt, gegen den er natürlich jetzt mit zu Felde ziehen mußte.

Leider muß Haß gelebt, ausgelebt werden. Wenn die Hasserinnen weiter vor sich selbst fliehen und die tiefen Ursachen ihres Hasses nicht erkennen wollen, dann sollen sie doch lesbisch werden, ihre Attacken einstellen und uns in Ruhe lassen. Andernfalls, meine Damen, geht der sinnlose Krieg weiter. Hitler hat ja auch nicht aufgehört. Aber keine Angst, wir sterilisieren Sie nicht, hauen Ihnen nicht die Köpfe ein. Wir bevorzugen gegen Sie die gewaltlose Revolution und verurteilen jeden Schwachkopf, der gegen Sie mit Gewalt vorgehen will. Gar keine Frage. Wir gehen Ihnen einfach aus dem Weg und lassen Sie gegen die Gummiwand, die Sie selbst errichtet haben, rennen.

Oder wir setzen uns zusammen an den runden Tisch und reden fair über die Ursachen von Gewalt und Haß. Dazu müssen Sie erst mal aus Ihrem Untergrund auftauchen, Ihre Feigheit überwinden und Ihre tiefe, unbewußte Furcht vor Mami.

Was schreibt *Emma* noch? Ich finde nichts als ein Chaos an Meinungen und Gedanken, an Behauptungen und Klagen. Die Frage nach dem Unterschied der Geschlechter wird von Judith Rauch gestellt, aber nicht beantwortet. Sie kennt ihn auch nicht.

Ein Buch wird empfohlen von Ursula Scheu. »Wir werden nicht

als Mädchen geboren, wir werden dazu gemacht.« Also, wir werden als Jungen geboren.

Sabine Reber freut sich darüber, daß die Isländer 1980 eine Feministin zur Staatspräsidentin gewählt hatten. Sie träumen von der Macht, mit der sie uns vernichten können. Sabine Reber beklagt, daß die Schweizerinnen im Durchschnitt ein Drittel weniger verdienen als die Schweizer. Die Frauen streikten am 14. Juni 1991 für dieses Drittel. In der Schweiz streikt frau also für ein absurdes, kommunistisches Ideal der Gleichmacherei. Frau Reber behauptet, Frauen bekämen für gleiche Arbeit weniger Lohn, ermittelt das Drittel aber aus einem Durchschnitt. Diese Rechnungen würden mich mal interessieren. Wenn sie doch wenigstens ein einziges Beispiel für den Beschiß an der Frau aufgeführt hätte. So ist es doch weiter nichts als feministische Lügenpropaganda.

In den Kleinanzeigen des Magazins suchen Lesben nach Lesben, bieten Frauen Urlaubsplätze für Frauen an. Softies bieten sie nichts an. Schadet ihnen gar nichts, kann ich da nur sagen. Verräter werden nicht mal von den Emanzen belohnt.

Emanze ist nun inzwischen ein Schimpfwort geworden, genauso die Wörter Kommunist und Feministin. Auf diese Worte reagiert man in Europa inzwischen negativ, auch wenn man damit die Richtigen trifft. Sie sind noch alle da, aber sie knobeln an ihrer Umbenennung.

Wenn Emanzipation was mit Befreiung zu tun hat, dann sollten sich die Frauenfeindinnen endlich von ihrem Haß befreien und nicht von unserer Gegenreaktion, die sie Unterdrückung nennen.

Wir werden eins in Zukunft beachten müssen: Unsere Gegenwehr muß begründet und darf niemals Gewalt sein. Darauf warten sie doch bloß.

Inzwischen gibt es ja jede Menge Männerliteratur. Das meiste ist von Softies und Feiglingen geschrieben, von Experten der Sexualforschung und der Seelenkunde. Ein heilloses Durcheinander. Wir müssen uns ein bißchen ausrichten, die Emanzen warten drauf, daß ihnen aus der Sackgasse geholfen wird.

Die Hammel außerhalb der Herde

Im Grunde buhlen die Außenseiter, da sie ein asexuelles Leben führen müssen, durch Verrat am erfolgreichen, weibchenbesitzenden Männchen um die Gunst des Weibchens. Indem sie seidenweich daherreden von der Unterdrückung des Weibes durch den Mann, also die Welt auf den Kopf stellen, weil sie selbst auf dem Kopf stehen, hoffen sie, daß ihnen eine »Unterdrückte« aus der Herde zuläuft. Sie solidarisieren sich mit den Frauen nur zu diesem einen Zweck.

Und nun kommt's. Indem sie weiblich reden, verringern sich ihre Chancen, ein männliches Leben zu führen, immer mehr. Das Weib mag zwar seine Reden, aber ihn nicht als Mann. Denn er verstößt, ohne es zu begreifen, gegen das Grundgesetz des Weibes. Dieses sucht den tätigen, beschützenden, erfolgreichen und großen Mann, aber keinen Softie und keinen Verräter. Der irritiert sie in ihrem angeborenen Grundverhalten.

Es gibt Frauen, die springen aus der Herde, nehmen wie zum Trotz auch mal einen Kerl, der kleiner ist als sie, aber froh sehen sie nicht aus. Das Paar ist einfach komisch, da kann es philosophieren, soviel es will.

Der Außenseiter schreibt auch immer nur den Frauen gefällige Gedichte und Abhandlungen, Romane und Geschichten.

Neulich saß ein Brasilianer vor der deutschen Fernsehkamera. Ein gefundenes Fressen für die Emanzen. Auch in Brasilien werde die Frau unterdrückt. Natürlich! Der soll sich mal seinen Karnevalsrummel genauer ansehen. Wenn das unterdrückte Frauen sind, die da durch die Straßen tanzen, dann fresse ich einen Besen. Seit wann lachen denn Unterdrückte so herzerfrischend?

Am 19.6.91 schlägt *Bild* wieder zu in einem kleinen Artikel auf der Titelseite. Frankreichs Premierministerin Edith Cresson hat Gedächtnisschwund und kann sich nicht mehr erinnern, in einem Interview gesagt zu haben, jeder vierte deutsche Mann sei schwul.

Jeder vierte, das ist übertrieben, aber in den großen Städten vermehrt sich ihr Gewimmel.

Mein Gott, kann ich da nur sagen, wenn sich die deutsche Frau verweigert und allein glücklicher lebt, dann springen eben die Hammel außerhalb der Herde aufeinander. Soll ja im Tierreich auch so sein und dort, wo die Männer kein Geld haben, sich eine Frau zu leisten.

Frauengruppen sind Sekten

Wer Erfahrungen mit Sekten hat, der weiß, daß ihre Mitglieder nicht mehr von dieser Welt sind. Das Ende einer Partnerschaft ist bereits besiegelt, wenn einer von beiden in einer Sekte landet, deren Geistesinhalte und Ideologien der Außenstehende nicht akzeptieren kann.

In Sekten sammeln sich unfähige, gestörte Persönlichkeiten, also ebenso auch in Frauengruppen. Die Mädchen treiben keine Selbstverwirklichung durch Selbsterkenntnis, sie stärken nicht ihre Persönlichkeit, arbeiten keine Probleme auf, erleben keine echte Emanzipation in der Gruppe, sondern solidarisieren sich in ihrer Schwäche gegen das männliche Geschlecht. Wie in allen Geheimbunden schließt man Andersdenkende, also die Männer, aus, denn es geht ja gegen sie. Die Frauen leben ihren Haß in der Gruppe.

Ich kenne welche, die haben aus ihrem Mann schon längst einen Softie gehext. An dem können sie ihren Haß nicht mehr mit voller Genugtuung ausleben. In der Gruppe kann frau das, deswegen geht sie hin, und am liebsten dann, wenn es ihr gelungen ist, eine Geschlechtsgenossin einzufangen, die ihren Mann bereitwillig auf den Opfertisch der Feministinnen packt. Das Hexenmahl kann beginnen. Und wenn der Mann aufgefressen ist, ist das neue Mitglied unlösbar mit der Gruppe verbunden. Es gibt kein Zurück mehr, denn das Ziel der Mitglieder der Gruppe, die in der Regel geschieden sind oder in einer Scheinehe leben, ist es, die Partnerschaft des neuen Mitgliedes durch alleinige Schuldzuweisung an den Mann zu zerstören. Damit hat frau sich selbst wieder bestätigt und perfekt verdrängt. Die Droge wirkt einige Zeit bei allen Mitgliedern, bis Wirklichkeit und Wahrheit wieder bedenklich nahe treten. Dann schwirren die Selbstzerstörerinnen wieder aus und suchen neue Beute, eine neue Droge.

Damit Sie klarsehen, Männer, Ihre Frauen machen Sie fix und fertig, wenn sie sich zu Gruppen zusammenschließen. Erfahrene Emanzen stehen ihnen bei, führen sie, indoktrinieren sie, schleppen sie in die Sackgasse. Ihre Frau liest in der Gruppe Ihre Briefe vor, gibt alle Ihre Gedanken und Handlungen preis, zieht Sie vollkommen aus. Ihre Chancen sind gleich Null, denn Sie sind ausgeschlossen von dieser Art der geheimen Aufarbeitung von Problemen. Die Gruppe hat nur ein einziges Ziel: sich immer wieder zu beweisen, daß Frau o.k. und Mann nicht o.k. ist. Und das hat einen einzigen Grund, es ist natürlich nicht die Wahrheit.

Falls das von einem hellen, voreiligen Mädchen noch rechtzeitig erkannt wird, verstößt sie gegen das Grundgesetz der Sekte und hat mit Ausschluß, Verachtung oder Liebesentzug der Mitglieder zu rechnen. Ist ihre Partnerschaft bereits im Eimer, dann hat die Arme gar nichts mehr auf der Welt, was ihr Halt geben könnte. Nur eine starke Frau, die zeitweise einer Irritation unterliegt, kann sich wieder aus einer Gruppe befreien und dem kollektiven Selbstmord entfliehen.

Um den Mann in »die Reihe« zu kriegen, werden dem Mitglied genaue Schlachtpläne und Regeln mitgegeben, die es zu befolgen hat. Der Mann hat nicht mehr seine Frau im Hause, sondern eine ganze, für ihn unsichtbare und ungreifbare Gruppe. Das unfähige Mädel kämpft jetzt mit Rückendeckung, und der Mann bekommt den gesamten Haß der Gruppe zu spüren. Wenn er bezwungen und restlos gedemütigt ist und noch einmal versucht, sich aufzurappeln, verfängt er sich immer mehr in den unsichtbar ausgelegten Stricken. Die Gruppe erwartet von ihm ein ganz bestimmtes Verhalten, nämlich Gewaltanwendung, sexuelle Nötigung, Seitensprünge, Sauferei, Versagen am Arbeitsplatz und Fehler in der Kindererziehung. Der unwissende Mann macht auch die meisten dieser Fehler, denn er ist im höchsten Grade irritiert und angegriffen, ohne den Gegner durchschauen zu können. Das Ergebnis ist, daß sein einst so geliebtes Weibchen alle Scheidungsgründe beisammen und auch noch für sich die moralische Rechtfertigung dafür hat, dem Vater die Kinder zu nehmen.

Den stärksten Riesen bringen die Frauengruppen zu Fall, wenn er nicht helle ist.

Eine Regel sollte man unbedingt kennen. Sobald sich frau mit Freundinnen trifft, die sie dem Partner nicht vorstellt, gilt zumindest in Deutschland Alarmstufe eins. Weigert sich die Frau, die Karten auf den Tisch zu legen, ist sie schon in der Gruppe und das Ende der Partnerschaft unweigerlich besiegelt. Eine einzige Emanzenzeitung im Hause, über die sie nicht mit dem Mann sprechen will, und das Todesurteil ist gefällt.

Es gibt sogar Verrückte, die suchen sich so ein hochentwickeltes Mädel aus einer Gruppe, um ganz nahe am Zeitgeist zu sein und um die Befreiung der Frau vom Patriarchat miterleben zu können. Dazu müssen wir an dieser Stelle nichts mehr sagen.

Übrigens wissen die Verbiesterten ganz genau, daß der Haß sie plagt. Sie wollen, ohne ihre Ziele aufzugeben, diesen loswerden und gehen nicht selten in Therapie.

Jede Frau kehrt nach der »Gruppenarbeit« wieder in ihre Einsamkeit zurück. Um diese nicht zu fühlen, wird sofort endlos lange telefoniert, dabei Rotwein getrunken und der beschissene Abend gerettet. Das machen sie so lange, bis das stillgelegte Bekken den Rücken zum Schmerzen bringt und der Arzt aufgesucht werden muß. Er verschreibt dem überarbeiteten Kind Ruhe – was sonst? – denn es hat ja noch obendrein Kinder zu versorgen neben diesem heroischen Kampf gegen den fiesen Mann, der besoffen in irgendeiner Kneipe rumhängt oder idiotischen Fußball spielt.

Alle zerstörten Menschen machen kaputt. Frauen machen viel ordentlicher kaputt als Männer, oft viel grausamer und gefühlloser. Männer erschießen sich, wenn sie erwischt werden. Aber wie oft erschießt sich eine Frau?

Eines weiß der erfahrene Mann inzwischen auch schon, es gibt keinen Dialog mit Feministinnen und kaputten Mädchen. Jedes Wort an sie ist reine Energieverschwendung, muß es ja auch sein.

Es hilft nur eins: den Schlußstrich ziehen, erkennen und verkraften, daß man eine Chaotin an seiner Seite hat.

Die heutige, sogenannte Emanzipation der Frau ist der Gipfel auf dem Egotrip, den sie eigentlich schon immer geht. Und jetzt kommt das Neue, der Abstieg.

Die Attacken der Männerfeindinnen

Sie sind sehr vielfältig, feig, meist anonym und kommen aus dem Untergrund. Nachdem es ihnen nicht gelungen ist, uns zu vernichten, zu kastrieren oder zu Softies zu machen, versuchen sie noch mit Randgefechten, ihren Frust loszuwerden und immer noch vor der Mutter zu fliehen.

Renate schenkte mir ein Buch der amerikanischen Therapeutin Robin Norwood mit dem deutschen Titel: *Wenn Frauen zu sehr lieben – Die heimliche Sucht, gebraucht zu werden.* Übrigens heißt der Untertitel, wörtlich übersetzt: »Wenn du immer noch wünschst und hoffst, er könnte sich doch noch ändern«.

In dem Buch steht zusammengefaßt folgendes: Die liebende Frau versucht gern, den kaputten Mann zu reparieren, also ihn vom Suff oder der Droge, der Faulheit oder der Gewalt zu heilen. Diesen Wunsch kennen wir auch, wenn wir einer süßen, kaputten Frau begegnen. George Bernard Shaw hat es mit der Elisabeth Doolittle erfolgreich auf der Bühne gezeigt. Es ist ein schöner Traum, einem Menschen, der uns körperlich anzieht, Liebe und Gefühl, Mut und Leben einzuhauchen. Aber was hat das mit »zu sehr lieben« zu tun?

In dem Buch werden die Frauen aufgefordert, den Suffkopf sausen zu lassen. Er ist sowieso nicht zu retten. Stimmt ja auch in der Regel, vor allem dann, wenn er schon vorher gesoffen hat. Wenn er wegen der Frau trinkt, und darauf weist die Autorin natürlich nicht hin, liegen die Dinge wohl etwas anders.

Mir ist heute klar, daß ein Mann eine Frau gar nicht lieben kann, wenn sie ihn nicht liebt. Das ist ein Unding. Die Frauen, von denen das Buch erzählt, lieben nicht zu sehr, sie lieben gar nicht. Sie sind liebesunfähig und versuchen, sich den, an den sie sich infantil geklammert haben, zum Märchenprinzen zurechtzuzimmern. Da das aber wie ein Schattenboxen ist, wird unsere Kleine eines Tages seelisch immer schwächer dabei.

Im Grunde genommen rät das Buch der Frau, die »zuviel liebt«, in die Einsamkeit zu marschieren, also ihr sinnloses Vorhaben zu beenden. Der Mann ist wieder der Doofe – wer denn sonst?

Die Männerfeindinnen können ewig darüber reden, was ihnen an den Männern nicht gefällt, aber sie finden kein einziges Wort zu seinen Gunsten. Sie verbrauchen damit jeden Rest positiver Empfindungen für das männliche Geschlecht. Dann sind die verbleibenden Möglichkeiten nur noch die: Einsamkeit, Verbitterung, Krankheit, Homosexualität oder Suizid.

Wenn die Männerhasserinnen an die Macht kämen, würden sie uns zu kastrierten Staatsdienern machen, bis auf ein paar Zuchtbullen, solange Samen nicht künstlich hergestellt werden kann. Dann wäre es ganz aus mit uns.

Und nun wäre endlich die Welt heil, Krieg ausgeschlossen, Verbrechen und sexuelle Belästigung natürlich auch. Kurzum, die Erde wäre ein Paradies für die Frauen. Das technische Zeitalter wäre beendet, frau könnte ruhig in den Bäumen schlafen. Arm in Arm würden die lieblichen Phallusgegnerinnen herumwandeln und sich vertiefen in geschlechtslose Gespräche über das glückliche Leben.

Das alles ist nicht gesponnen, so was spukt in Frauenköpfen rum. Glauben Sie nicht? Dann lesen Sie mal bei den radikalen Feministinnen nach. Sie trauen Ihren Augen und Ohren nicht, was Weibergehirne gebären können, wenn Frauen nicht lieben.

Man sollte sich wirklich keinen Illusionen hingeben, die Frauen sind verloren und damit wir natürlich auch. Wer das radikale Frauenmagazin *Emma* schreibt oder liest, mit dem gibt es keine Versöhnung.

Schauen wir noch mal in die Ausgabe Nr. 4/91. Da brüstet sich eine alleinerziehende Mutter, daß sie einem Mann einen runtergeholt und sich dann heimlich das Sperma in die Vagina gestopft hat. Diese Bumsfreudige ist Kinderschwester. Auch noch das!

Auf Seite 13 steht ganz für sich allein und groß der Satz: »Das Böse ist allemal daran zu erkennen, daß es Hosen trägt und sich rasiert.«

Da können wir nur sagen: »Das Dumme ist allemal daran zu erkennen, daß es so was Böses schreibt.« Auf Alice Schwarzer kann ein Mann nur aggressiv reagieren, weil sie böse ist. Und nun schreibt sie, daß die Männer böse sind. Armes Mädchen. Außerdem stelle ich fest, daß fast alle Frauen Hosen tragen und viele sich rasieren, meistens nur untenrum.

Auf Seite 12 schreibt Sonja Lasserre: »Während wenigstens ein Teil der Heterofrauen die Ehe als Horrorkabinett mit einseitigem Nutznießen erkannt haben, halten Lesben fast durchweg noch an ihren sentimentalen Vorstellungen aus der Backfischzeit fest.«

Fair wäre es ja, wenn diese Lesbe sagen würde, daß die Ehe für eine Type wie sie ein Horrorkabinett ist, aber nein, es wird alles in ihrem Sinne runtergemacht. Und noch fairer wäre es, zu sagen, daß Unfähigkeit auf seiten der Frau zu dem gleichen Ergebnis führt.

Aber seit wann sind denn Feministinnen fair?

Mein Gott, wie die alle aussehen! Irgendwie kann man sie ja fast verstehen. Es ist bloß die Frage, ob sie der Haß so fertiggemacht hat, der eigene, in ihnen wohnende Haß auf das falsche Objekt.

Was sie für schiefe, verkniffene Münder haben!

Zynisch kann man das gar nicht nennen, was die Psychologin Gisela Peters in dem *Bild*-Artikel »Frei um jeden Preis – Immer mehr Frauen verlassen ihre Männer und Kinder und verzichten auf Unterhalt« vom 9.3.91 äußert. Es ist einfach verlogen und vernagelt, wenn sie sagt: »Frauen sind selbstbewußter geworden. Mann, Kinder und Haushalt – vielen genügt das nicht mehr.« Allerdings endet der Artikel zynisch mit den Worten: »Daß der Drang zur Selbstverwirklichung zwei Seiten hat, mußte Horst K.

(46) aus Celle erleben. Seine Frau verließ ihn. Jetzt muß er sich um die sechs Kinder kümmern – allein.«

Jährlich schließen 390.000 Paare in Deutschland die Ehe, 130.000 werden jährlich geschieden. Siebzig Prozent der Scheidungen reichen die Frauen ein, also 91.000 jährlich. Bravo! Zeigt es uns! Und wir wundern uns, daß es in Deutschland keine Wohnungen mehr gibt.

Das sollen nun alles Selbstverwirklicherinnen sein, selbstbewußte Frauen? Alles Kaputte, würde ich sagen. Ich habe Hunderte von ihnen kennengelernt in den letzten Jahren. Davon hatte keine einzige Selbstvertrauen.

Offensichtlich wissen die Psychologen gar nicht, was Selbstbewußtsein ist.

Die deutsche Frau ist dabei, sich emotional immer mehr zu zerstören und vom Mann zu entfernen. Die Emanzen in den Redaktionen der Medien helfen ihnen noch dabei, alle Schuld an dieser verheerenden Entwicklung dem männlichen Geschlecht anzulasten. Die kümmert es einen feuchten Kehrricht, was aus den Kindern und den Männern wird. Gefühllos schreibt frau über die steigenden Selbstmordraten.

Die Frau am Scheideweg

Mich forderten sehr viele, irritierte und zum Teil recht unglückliche Frauen auf, nachdem wir über die Probleme der Geschlechterbeziehung gesprochen hatten, das alles aufzuschreiben.

Sie brauchen wirklich mal ein offenes Wort. Sie sind völlig orientierungslos geworden durch unser weiches, rückgratloses Nachgeben, Schweigen und Handeln. Aber sie brauchen nicht nur Worte, sie sehnen sich wieder nach einem richtigen Mann. Daß sie ihn machen müssen, diesen richtigen Mann, das kapierten sie bis jetzt noch nicht. Richtige Männer werden nicht einfach geboren, sondern an der richtigen Frau zum Mann. Solange frau verklemmt oder gar verhaßt ist, findet sie auf dieser Erde niemals den Mann, von dem sie träumt. Sie findet gar keinen.

Die deutsche Frau, die arbeiten will, um sich selbst zu verwirklichen, ist noch keine Frau. Und sie wird auch keine ohne den Mann. Wie soll das denn zugehen?

Ich rate allen Männern, keine Frau anzurühren oder gar zu heiraten, die auf dem Egotrip ist. Sie ist liebesunfähig. Drei Millionen weiblicher Singles leben zur Zeit in Deutschland. Sie haben die Schnauze voll von ihrem eigenen Produkt, dem Softie, dem Versager, dem Macho.

Frauen brauchen keine Männer! So ertönt es aus allen Ecken Deutschlands. Die Selfmadeladies entwickeln utopische Systeme in ihren verklemmten Gehirnen. Ziel: Gleichheit, Brüderlichkeit, Freiheit, Geschlechtslosigkeit.

Männer brauchen Frauen, unbedingt.

Die Frau, die finanziell unabhängig vom Mann ist, glaubt, ihn nicht mehr zu brauchen für ihr Leben. An diesem fatalen Irrtum geht die Frau langsam, aber sicher zugrunde – und mit ihr unsere Kinder.

Die Emanzen stellen Bedingungen an das männliche Geschlecht, damit es sich ihrem Fehlverhalten anpassen kann. Sie wollen uns rufen, wenn es sie mal juckt. Und dann wieder ab in die Wüste. Wenn ihr sexueller Lebensabschnitt beendet ist, werden sie stiller, aber sie schießen weiter mit dem Pulver der jungen Frauen, die sie auf ihren Holzweg gelockt haben. Aufgeben und einen schwerwiegenden Lebensirrtum zugeben, das kann eine Frau, in deren Herzen der Haß wohnt, niemals. Ich habe sie in psychiatrischen Kliniken gesehen. Sie gehen eher zugrunde, als sich zu erkennen. Meistens sind sie dazu auch nicht mehr in der Lage, vor allem dann nicht, wenn die schönsten Lebensjahre verträumt und die seelische Deformierung nicht mehr zu beheben ist. Es geht unaufhaltsam bis zum bitteren Ende.

Das männliche Prinzip ist nicht Krieg und Gewalt. Diese Dinge sind Reaktionen des männlichen Geschlechtes auf die Liebesunfähigkeit des weiblichen. Das männliche Prinzip ist es, den Samen dahinzugeben, wo er gewünscht und gefordert wird und mit der Arbeit für die Familie zu sorgen. Wenn der Mann aber vor dem Nichts oder vor dem Haß eines Weibes steht, macht er Quatsch. Was soll er denn sonst tun? Ach ja, er kann ja noch ins Kloster oder in den Puff.

Frauen schmeißen sich mit Softies und Spinnern zusammen, seit sie keine Frauen mehr sind – oder mit sehr viel jüngeren Männern neuerdings. Mit saurer Miene schaffen sie in den Betrieben und Büros. Uns können sie nicht verbergen, daß ihre eigentliche Sehnsucht auf ein Kind und einen Herd gerichtet ist, an den ein Märchenprinz das Zeug ranschleppt, damit sie Milch haben.

Es ist klar, in einer Wohnung irgendwo in der Stadt kann weder Frau noch Mann sein Dasein fristen. Nach einer gewissen Zeit müssen wir da einfach raus, weil uns die Decken auf den Kopf fallen. Aber wie das in Deutschland passiert, das ist erschreckend. Die Frauen bekämpfen ihre Männer, machen sie für alles verantwortlich. Solange sie uns aber bekämpfen, bekämpfen sie sich selbst.

Das Stadtleben ist eine komplizierte, hochentwickelte Form menschlicher Zivilisation. Die Frau hat sich mit ihren matriarchalischen Verhaltensweisen diesem Leben überhaupt noch nicht angepaßt. Sie ist stehen geblieben, befangen in mittelalterlichen, christlichen Denkweisen, wild einschlagend auf den Mann. Von Generation zu Generation ist über die Mütter ein Verhalten weitergegeben worden, das die Liebesfähigkeit der Frau immer mehr reduziert hat, bis sie in puren Haß umgeschlagen ist. Mit uns Männern hat dieser Haß nichts zu tun. Menschen saugen die emotionale Kraft aus Frauenbrüsten und nur aus diesen. Was haben denn die Frauen getan? Sie verweigerten den Kindern die Brust, damit diese schön prall bleibt, sie gaben die kleinen Säuglinge in fremde Hände, um sich selbst zu verwirklichen im Dschungel der Stadt, um die schöne Knete für die schönen Dinge zu verdienen.

Und was ist dabei rausgekommen? Natürlich wieder nur Männerwerk. An allem sind nur die Männer schuld, weil sie keine Milchdrüsen besitzen. Ist doch klar wie Milch.

Frau hat die Kinder alleingelassen. Schauen Sie sich doch mal Ihre Mütter genauer an, liebe Emanzen und Feministinnen. Wo auf der Welt hindern Männer die Frauen daran, ihre Kinder emotional zu nähren, ihnen Zärtlichkeit und Liebe zu schenken? Wenn Sie irgendwo daran gehindert werden, dann sagen Sie es. Denn es ist Ihr elementares Frauenrecht, diese Pflicht ungehindert zu erfüllen. Dann können wir ja miteinander reden über andere Ungerechtigkeiten.

Wie kommt es denn, daß deutsche Frauen keinen Filipino heiraten? Wieso lassen sie sich berammeln im Urlaub von geilen, jungen Italienern und Spaniern? Wieso können sie ein ganzes Jahr warten auf diese jungen Hengste? Leben Sie mal mit denen über längere Zeit zusammen, dann können Sie sehen, was mit ihnen los ist.

Den Mann in Deutschland lassen sie einfach auf dem Trockenen stehen und schreien noch obendrein, daß Bordelle frauenfeindlich sind.

Die Frau steckt in der Krise und damit auch der Mann. Es ist kein neues Zeitalter für die Frau angebrochen. Ihr altes geht erst mal zu Ende, weiter gar nichts.

Ich möchte nicht in der Haut einer Frau stecken. Und wenn ich drinstecken würde, würde ich mich um eine erfüllte Partnerschaft mit einem Mann kümmern.

Geht es den Frauen wirklich anders als uns? Wenn wir Gefühle in uns aufkommen lassen, die ein verqueres Denken gegen das ganze weibliche Geschlecht schon mal erzeugen kann, dann wird uns speiübel, und das Herz droht zu zerspringen. Dann hilft nur eins: Weg mit diesen Gedanken und ran an die Frauen mit viel Freundlichkeit, Liebe und Zärtlichkeit, auch wenn nichts erwidert werden sollte. Ein Mann stirbt, wenn er sich emotional abwendet von der Frau, er kann auf der Stelle tot umfallen.

Männer können vielleicht mal böse sein auf eine Frau, aber nicht auf das gesamte weibliche Geschlecht. Eine verhaßte Frau ist unerträglich für den Mann, weil ihr Artverhalten nicht stimmt. Es erschüttert den Mann in den Grundfesten.

Was empfinden Frauen, wenn sie den Mann ablehnen? Das sollen sie mal sagen.

Ich kann alle Männer nur dazu ermuntern, sich zum weiblichen Geschlecht zu bekennen, auch wenn weit und breit nur Verbiesterte rumlaufen. Man muß mehr Geduld haben – es nützt ja alles nichts. Man sollte seinen Samenfluß nicht übermäßig anregen an Attrappen. Er fließt schon wieder richtig, wenn die richtige Frau auftaucht.

Die macht das schon. Zu lange Pausen sind natürlich gefährlich.

Dann sollte man den Gang in ein freundliches Haus nicht scheuen und auch nicht die Mittel. Aber Vorsicht, da sitzen auch schon viele Verbiesterte rum, es ist gefährlich fürs Gemüt.

Die Frauen, die jetzt überall rumschreien, weil der deutsche Mann zum Sexurlaub nach Taiwan fliegt, sollten bedenken, daß sie ihn eigentlich auf diese Reise geschickt haben. Außerdem sind das nur 0,01 Prozent. Die anderen Männer warten noch darauf, daß die Frau ihren irrigen Trip endlich beendet.

Die Frau sollte sich emotional wieder dem Mann zuwenden und ihre Liebesfähigkeit unter Beweis stellen, indem sie den Haß auf die Mutter überwindet und nicht am Mann abreagiert.

Aber bevor das geschieht, wachsen eher die Grashalme im Zickzack.

Wir Männer werden uns künftig besser wappnen in diesem ungerechten Kampf, indem wir uns nicht irritieren lassen in unserer Liebe zum Weib durch ein paar verlorene Schnecken.

Schlußstrich

Ich hoffe, daß der männliche Leser nach der Lektüre ein bißchen seinen Frust losgeworden ist. Es soll bloß keiner aussteigen aus seiner Ehe, in der Hoffnung, die besseren Weiber laufen scharenweise draußen rum.

Solange die Partnerin eines Mannes noch ein offenes Ohr hat, sollte der nicht perverse Mann sagen, was er will und braucht. Erfüllt sie ihm die Wünsche nicht, dann soll sie begründen, warum sie die Beziehung sabotiert. Aber bitte, Männer, schreit und brüllt nicht rum. Das ist nicht die neue, alte Männlichkeit. Man muß auch lernen, ein Weib würdevoll zu verlassen, das uns nicht liebt. Und wer nicht davonlaufen kann, der sollte in seinen Club gehen oder irgendwohin, wo es ihm besser geht als unter dem eigenen Dach. Lassen Sie die Alte zanken, und sehen Sie zu, wie Sie über die Runden kommen.

Es gibt keine Rezepte, das sollte allen klar sein.

Die Hauptsache ist, daß mir jetzt kein Mann in den Rücken fällt. Wenn die Partnerin keinen Mut zur Wahrheit hat, dann halten Sie ihr das Buch auch nicht vor die Nase. Für sie sind das alles frauenfeindliche Verleumdungen oder Lügen.

Erst mal sollten wir wissen, was Sache ist und wo es langgeht. Jedenfalls nicht in Richtung Weiberherrschaft.

靈氣

Reiki – die alte japanische Heilkunst des Handauflegens

Das Universum ist erfüllt von endloser, unerschöpflicher Energie. Diese universelle Kraft fließt bei Reiki in konzentrierter Form durch die Hände in den Körper. Die Heilkunst des Handauflegens kann jeder praktizieren – sie ist ein Weg zur Harmonie und zur Selbstheilung. Reiki ist das Geschenk der heilenden Hände.

kart. 250 S.
ISBN 3-8138-209-4

Als Ergänzung zum Buch:
Reiki Chakra-Selbstbehandlung
Eine Toncassette mit Visualisation und Affirmationen

ISBN 3-8138-0213-2

PE PETER ERD

Hans-Jürgen Raabe
GEHEIMNIS
gesund
Neue Ganzheits-Strategien
für mehr Gesundheit
PE

HANS-JÜRGEN RAABE
KÖHNLECHNERS
KREBS
DIÄT
abnehmen·vorbeugen·schützen
PE

HANS-JÜRGEN RAABE
KÖHNLECHNERS
HERZ
DIÄT
abnehmen·schützen·stärken
PE

HANS-JÜRGEN RAABE
KÖHNLECHNERS
IMMUN
DIÄT
bei Allergien
abnehmen·wohlfühlen·gesund bleiben
PE

LEXIKON DER ALTER-NATIV-MEDIZIN

278 außergewöhnliche Heilmethoden.

Heilpraktiker und Schulmediziner haben 278 außergewöhnliche Heilmethoden wiederentdeckt oder ganz neu entwickelt. Das Lexikon der Alternativmedizin stellt sie vor – ACEM-Meditation bis Zellulartherapie.

Etablierte Schulmedizin und uralte Erfahrungsmedizin haben die gleichen Wurzeln. „Alles ist Gift – es kommt auf die Dosierung an“, lehrte schon Parcelsus, Vater der etablierten und der alternativen Heilkunst, vor mehr als 450 Jahren. Die Übersicht zu behalten, ist in der klassischen Medizin längst nicht mehr möglich. Für die zahlreichen Formen der Erfahrungsmedizin gilt das auch.
Dieses Lexikon will für Abhilfe sorgen – es beschreibt alle aus westlichen wie aus östlichen Traditionen überkommenen Therapien.

PETER ERD

geb., 220 Seiten • ISBN 3-8138-0225-6